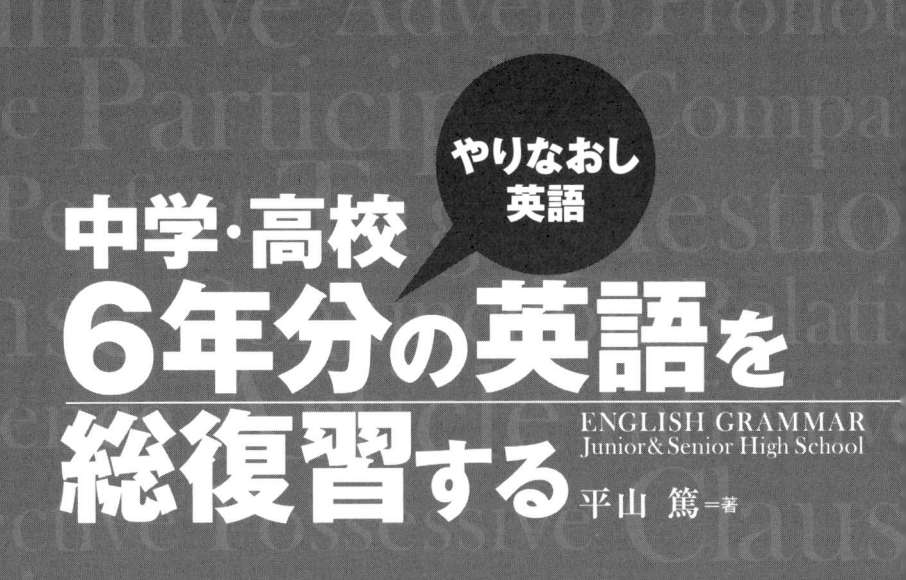

中学・高校 6年分の英語を総復習する

やりなおし英語

ENGLISH GRAMMAR
Junior & Senior High School

平山 篤=著

はじめに

(1) 英文法のリセット
「どうも英文法は…」と思っておられるのなら、一度リセットしてみてはどうでしょうか。曖昧な部分にいろいろ積み重ねていくより、ずっと効率的です。ゼロに戻すといっても、これまでの知識が無駄になるわけではありません。それらを順序よく並べ替えることで英文法の知識を整理しよう、というのが本書のねらいです。

(2) 数字でチェック
「何がわからないかが、わからない」ということもあるかもしれません。まず問題となる部分を特定しましょう。本書では、1から60までの通し番号で文法項目が出てきます。それによって、「自分は12番まではわかっている」とか、「47番は理解できていない」というふうに、英文法の理解度を数字で表せるようにしています。

(3) 簡単なプレーを
優れた運動選手には、無駄な動きがありません。そのためにスピードと滑らかさが生まれています。英語も同様です。できるだけ単純にそして直接的に英語を見ていくことで、英語の扱いが、速やかに、そして正確になります。スピード感のある文法力を身につけましょう。

(4) はっきり、すっきり
文法を学ぶ上で欠かせないのは、言葉の持つ2つの側面、つまり形と意味を整理して考えるということです。そうすることで英語のルールが見えてきます。英文法を曖昧なままにしておくと、何かモヤモヤとした気分ではないでしょうか。この際、英文法の全体像を「はっきり」させて、「すっきり」しましょう。

文法力を面積で測ってみよう

本書はどこからでもスタートできます。
「わかった」と思えたら、そのユニット番号を塗りつぶしていってください。
自分の文法力の様子が確認できます。

1	2	3	4	5	6
7	8	9	10	11	12
13	14	15	16	17	18
19	20	21	22	23	24
25	26	27	28	29	30
31	32	33	34	35	36
37	38	39	40	41	42
43	44	45	46	47	48
49	50	51	52	53	54
55	56	57	58	59	60

CONTENTS

はじめに
本書の基本的な考え方

中学編

Part 1　動詞が1個(1)：基本形を作る

UNIT 1	単数・複数	14
UNIT 2	一般動詞	18
UNIT 3	一般動詞の否定	22
UNIT 4	一般動詞の疑問	26
UNIT 5	前置詞	30
UNIT 6	一般動詞：WH疑問	34
UNIT 7	一般動詞：単数の主語	38
UNIT 8	一般動詞：単数の主語：否定・疑問	42
UNIT 9	代名詞	46
UNIT 10	be動詞	50
UNIT 11	be動詞：否定・疑問	54
UNIT 12	be動詞：WH疑問	58
UNIT 13	形容詞・副詞	62

Part 2　動詞が1個(2)：時間を移動する

UNIT 14	It の主語	68
UNIT 15	There is / are	72
UNIT 16	命令文	76

UNIT 17	助動詞	80
UNIT 18	過去形：一般動詞	84
UNIT 19	過去形：一般動詞：否定・疑問	88
UNIT 20	過去形：be動詞	92
UNIT 21	動詞の右に2つの要素	96
UNIT 22	比較：er / est	100
UNIT 23	比較：more / most・感嘆文	104

Part 3　動詞が1.5個：準動詞アプローチ

UNIT 24	不定詞(1)・動名詞(1)	110
UNIT 25	不定詞(2)	114
UNIT 26	動名詞(2)	118
UNIT 27	be going to	122
UNIT 28	進行形	126
UNIT 29	受身形（受動態）	130
UNIT 30	完了形	134
UNIT 31	完了形：否定・疑問	138
UNIT 32	不定詞(3)	142
UNIT 33	現在分詞	146
UNIT 34	過去分詞	150

Part 4　動詞が2個：接続詞アプローチ

UNIT 35	接続詞：because など	156
UNIT 36	接続詞：and、or、but	160
UNIT 37	疑問文の追加：間接疑問・付加疑問	164
UNIT 38	関係代名詞：人	168
UNIT 39	関係代名詞：物	172
UNIT 40	that：接続詞・関係代名詞	176

高校編

Part 5　基本形：発展編

- UNIT 41　5文型 ————————————————— 186
- UNIT 42　群動詞 ————————————————— 192
- UNIT 43　助動詞 ————————————————— 198
- UNIT 44　前置詞 ————————————————— 204
- UNIT 45　代名詞・否定 ————————————— 210
- UNIT 46　比較 —————————————————— 216

Part 6　準動詞アプローチ：発展編（1）

- UNIT 47　be — to ———————————————— 224
- UNIT 48　進行形 ————————————————— 230
- UNIT 49　受身形（受動態） ——————————— 236
- UNIT 50　完了形 ————————————————— 242

Part 7　準動詞アプローチ：発展編（2）

- UNIT 51　準動詞の用法・It の主語 ————— 250
- UNIT 52　不定詞(1) ——————————————— 256
- UNIT 53　動名詞 ————————————————— 262
- UNIT 54　分詞(1) ———————————————— 268
- UNIT 55　不定詞(2)・分詞(2) ——————— 274
- UNIT 56　不定詞(3)・分詞(3) ——————— 280

Part 8　接続詞アプローチ：発展編

- UNIT 57　接続詞 ————————————————— 288
- UNIT 58　仮定法 ————————————————— 294
- UNIT 59　関係詞 ————————————————— 300
- UNIT 60　特殊な形 ———————————————— 306

本書の基本的な考え方

(1) 英語を簡単に捉えるために、次の2点を中心に考えていきます。

　　A：　英文は時間を表せる形になっていなければならない。
　　B：　動詞を追加したいという気持ちが英語に今のルールを作らせた。

(2) 次に下の英文を基本形と考え、4つの要素に区切ります。

　　　I　eat　dinner　at seven.　　　（私は7時に夕食を食べる）
　　　①　②　　③　　　④

　英文法は、基本的にこれら4つのうちのどれかが話題になっていますので、常に①〜④のどの話なのかと考えていくと、知識を整理することができます。

　①は主語　②は動詞　③は目的語（あるいは補語）と通常呼ばれています。これらが英語の主要3要素、そして④を本書では追加情報と呼ぶことにします。

(3) 英文の中で「時間を表す」役割を担っているのは②の動詞です。そこでこれを中心に考えていくことになります。また英文法が今のような複雑な形になっているのは、動詞の追加が原因です。つまり動詞を②のみならず、①③④の位置でも使いたいと思ったために英文法が今の形になっているわけです。動詞の追加が全くできないなら文法書は今の何十分の一にしかなっていないはずです。

　その方が楽でよかったという声も聞こえそうです。しかし、ピアノを片手でなく両手で弾くのと同じように、1文の中に複数の動詞を使うからこそ、豊かな表現が可能になっています。

(4) それでは、その動詞はどうすれば追加できるのでしょうか（実はこれが英文法学習の主たる内容です）。
　　幸いなことに動詞を追加する方法は2つしかありません。
　　Ⅰ　準動詞アプローチ
　　　　追加したい動詞に「動詞をやめさせます」。動詞を to～、-ing、-en という3つの形のどれかにして、それらが動詞でないことを表します。
　　Ⅱ　接続詞アプローチ
　　　　＋の役割を果たせる単語を使い、2つの文をつなぎ1文にします。そうすることで動詞が2つになります。

(5) 基本形の④の部分に注目して今の話をまとめると、英文は下の3つに大別されることがわかります。

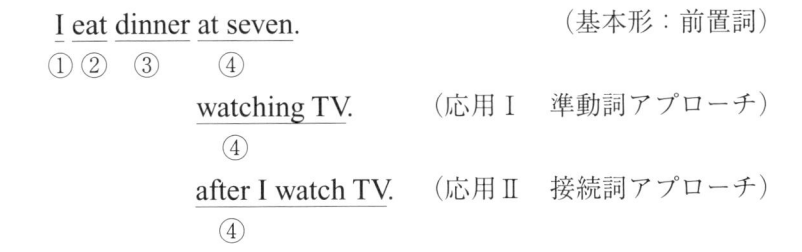

　　　　I eat dinner at seven.　　　　　　　（基本形：前置詞）
　　　　① ②　③　　④

　　　　　　　　watching TV.　　（応用Ⅰ　準動詞アプローチ）
　　　　　　　　　④

　　　　　　　　after I watch TV.　（応用Ⅱ　接続詞アプローチ）
　　　　　　　　　④

　　すると英文法全体の形は次のようになります。

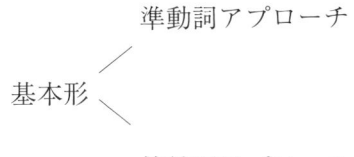

　　　　　　　　　　　　　準動詞アプローチ
　　　　　　　　　　／
　　　　　基本形
　　　　　　　　　　＼
　　　　　　　　　　　　　接続詞アプローチ

ずいぶんシンプルに見えませんか？
このように英語のルールを簡単に捉え、その上で多くの例文に触れれば、必ず「使える文法力」が身につきます。

中学英文法はこんな形

```
                        ┌─ to〜（不定詞）
 (I) 準動詞アプローチ ──┼─ -ing（動名詞・現在分詞）→進行形
                        └─ -en（過去分詞）→受身形・完了形
基本形→助動詞→比較
                        ┌─ 接続詞
 (II) 接続詞アプローチ ──┤
                        └─ 疑問詞→関係代名詞
```

Part 1
まず基本形(I eat dinner at seven)を組み立てる。

Part 2
過去形や助動詞を用いて、過去、未来の内容を表現する。

Part 3
3つの準動詞で、「動詞」を追加する。(I)

Part 4
接続詞等を用いて、主語・動詞を追加する。(II)

＊中学編の目標：
英語の仕組みを理解し、英文の形を身につける

高校英文法はこんな形

```
                    ┌─ to〜 →原形不定詞
       ┌(Ⅰ)準動詞アプローチ ─┼─ -ing→分詞構文
       │            └─ -en→過去完了・未来完了
基本形→助動詞→比較
       │            ┌─ 接続詞→仮定法
       └(Ⅱ)接続詞アプローチ ─┤
                    └─ 関係代名詞・関係副詞
```

Part 5
代名詞や前置詞といった基本パーツを詳しく見る。

Part 6
準動詞を使って、動詞部分の表現力を高める。(Ⅰ)

Part 7
準動詞を使って、目的語や追加情報の表現力を高める。(Ⅰ)

Part 8
仮定法や関係副詞を使って主語・動詞を追加する。(Ⅱ)

＊高校編の目標：
中学編の理解を基に、知識を増やして表現力を豊かにする

中学編

Part 1

動詞が1個(1)：基本形を作る

UNIT 1 　単数・複数

　　　　　　　　　　　　　　　　　　ものを数えてみよう！

one pen / two pens 　（1本のペン / 2本のペン）

● 英語は数にこだわります。
　ものがひとつ（単数）の時は、そのままですが、
　2つ以上（複数）の時には単語の最後に s をつけます。
　　1匹の犬　one dog　→　2匹の犬　two dogs

● 複数の s は時々 es になります。
　3個の桃（peach）　　　three peaches　（最後が s、sh、ch など）
　10の家族（family）　　ten families　　（子音字※+y）：y を i にする

● また複数形が不規則なものもあります。
　man「男」　→ men　woman「女」→ women
　child「子供」→ children　など

● ただし、個数で数えないものに複数形はありません。
　water「水」　air「空気」　baseball「野球」など

　これらを数で扱うには、以下の方法で行います。
　　a cup of coffee「1杯のコーヒー」　a glass of water「1杯の水」
　　a piece of paper「1枚の紙」　など

　※母音字（a、i、u、e、o）　子音字（a、i、u、e、o以外）

● これに従って、「たくさん」も使い分けます。
　　　数えられるもの　　　many students　　　　　（たくさんの学生）
　　　数えられないもの　　much snow　　　　　　　（たくさんの雪）
　　　　　＊ a lot of（たくさんの）は、どちらでも使えます。

英文イメージトレーニング１　この形の英文を言えるようにしよう！

（1）5個のリンゴ　　　　（2）2杯のコーヒー

　　　five _____　　　　　　two _____

（3）たくさんの子供達　　（4）4つの都市

　　　many _____　　　　　　four _____

（5）たくさんの雨　　　　（6）8人の男と5人の女

　　　much _____　　　　　　eight _____

これだけでも please と組み合わせると、いろいろと伝えることができます。例えば、
　　　2つリンゴをください。　→　　Two apples, please.
欲しいものをまず告げて、その後に please をつければすでに立派な English Speaker です。次ページではその形を練習してみましょう。

・・

（1）five apples　　　　　（2）two cups of coffee
（3）many children　　　　（4）four cities（単数　city）
（5）much rain　　　　　　（6）eight men and five women

中学編 1 ― 動詞が1個 (1)・基本形を作る

文法を使ってみよう！   CD 1

● **CHECK ONE** : 下の英文が理解できるか **Check**！

☐1　Coffee, please.

☐2　Three hamburgers, please.

☐3　Five peaches, please.

☐4　Menu, please.

☐5　Passport, please.

☐6　Next, please.

☐7　A glass of water, please.

☐8　No mustard, please.

☐9　One moment, please.

☐10　Two tickets, please.

(9) moment「瞬間」

● **CHECK THREE** : 文法ポイントを身につけたか　最終**Check**！

一方を選んで再確認
☐1　five (pen・pens)
☐2　two (story・stories)
☐3　one (child・children)
☐4　(much・many) water

● **CHECK TWO**：←下の日本文を英文にできるか **Check**！

中学編 1──動詞が1個(1)・基本形を作る

- [ ] 1　コーヒーをお願いします。
- [ ] 2　3個ハンバーガーをください。
- [ ] 3　5個桃をください。
- [ ] 4　メニューを見せてください。
- [ ] 5　パスポートを見せてください。
- [ ] 6　次の方どうぞ。
- [ ] 7　水を1杯ください。
- [ ] 8　マスタードはつけないでください。
- [ ] 9　少しお待ちください。
- [ ] 10　チケットを2枚ください。

---

1 pens：　　複数のものには s をつける。
2 stories：　子音字＋y は y を i にして es。
3 child：　　単数は child。
4 much：　　数えられないものの「たくさん」は much。

UNIT 2 一般動詞

真ん中に動詞を置いてみよう！

I eat dinner.（私は夕食を食べる）

● 英語では、動作を表す単語、つまり動詞が中央に来ます。
そして英文を作るとは、その動詞の左右に適当な単語を置くことに他なりません。

「私は2個オレンジを食べる」
　→　私・食べる・2個のオレンジ　→　I eat two oranges.
「君は水を飲む」
　→　君・飲む・水　→　You drink water.

このように（私・食べる・夕食）の順に並べると、いくらでも英文を作ることができます。

● また、「1つ」と言う時は、通常、one と同じ語源でもっと簡単な a または an が用いられます。
　I eat a banana.
　I eat an apple pie. （次の単語が母音ではじまるときは an）
また、様子を表す単語（形容詞）を名詞の前につけることもできます。
　You have a nice bag. （君はよいかばんを持ってますね）

● 特定のリンゴで、「そのリンゴ」と言いたい時は、a を使わずに、
　I eat the apple. （私はそのリンゴを食べる）
同様に、
　I know the man. （私はその男性を知っている）

a、an、the は冠詞と呼ばれています。日本語にはないものです。
最初は a を使い、聞き手が特定できるようになると、the にします。
I have a dog. And I love the dog.
（私は犬を飼っている、そしてその犬が大好き）

英文イメージトレーニング2　この形の英文を言えるようにしよう！

（1）私は猫が好きだ。　　　　　　＿＿＿＿ like ＿＿＿＿．

（2）私はテニスをする。　　　　　　＿＿＿＿ play ＿＿＿＿．

（3）君はよい帽子を持ってますね。　＿＿＿＿ have ＿＿＿＿．

（4）私はそのコンピューターを使う。＿＿＿＿ use ＿＿＿＿．

（5）私はたくさん写真を撮る。　　　＿＿＿＿ take ＿＿＿＿．

（6）私は英語を勉強する。　　　　　＿＿＿＿ study ＿＿＿＿．

中学編 1 ― 動詞が1個 (1)・基本形を作る

動詞を真ん中にして、（私・洗う・皿）とか、（私・運転する・車）などと日本語で言うと、語順を学ぶよい練習になります。
後で出てくる be動詞と区別するために、ここに出ている動詞は一般動詞と呼ばれます。

（1）I like cats.　　　　　（2）I play tennis.
（3）You have a nice hat.　（4）I use the computer.
（5）I take many pictures　（6）I study English.

文法を使ってみよう！

CD 2

● **CHECK ONE** ：下の英文が理解できるか **Check**！

- ☐1　I love sports.
- ☐2　I want a new bike.
- ☐3　I have a fever.
- ☐4　Oh, really?
- ☐5　I wear glasses.
- ☐6　I like classical music very much.
- ☐7　I have a part-time job.
- ☐8　You like rock music, right?
- ☐9　Yes, I play the guitar.
- ☐10　You have a big dog

(3) 症状を言う時は I have .　　(4) really「本当に」
(5) 身につけるものは wear　　(6) very much「とても（たくさん）」
(8) right「正しい」　　(9) 演奏する楽器には the をつける

● **CHECK THREE** ：文法ポイントを身につけたか　最終**Check**！

一方を選んで再確認

- ☐1　I（dinner eat・eat dinner）.
- ☐2　I have（an orange・a orange）.
- ☐3　I have a cat. I like（a・the）cat.
- ☐4　You have（a nice・nice a）car.

20

● **CHECK TWO**：←下の日本文を英文にできるか **Check**！

中学編 1 ─ 動詞が1個(1)・基本形を作る

☐1　私はスポーツが大好きだ。

☐2　私は新しい自転車が欲しい。

☐3　私は熱がある。

☐4　ああ、本当ですか。

☐5　私はメガネをしている。

☐6　私はクラシック音楽がとても好きだ。

☐7　私はバイトをしている。

☐8　君はロックが好きですよね。

☐9　はい、私はギターを弾きます。

☐10　君は大きな犬を飼っている。

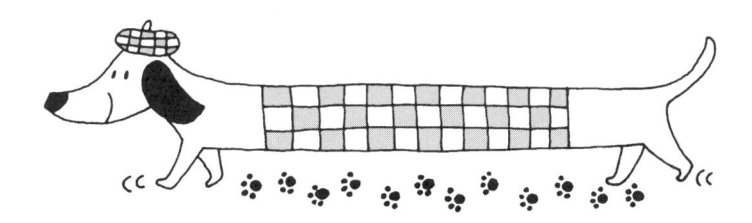

1　eat dinner：　　英語の語順は(左・動詞・右)。
2　an orange：　　母音の前はaではなくanを用いる。
3　the：　　　　　「その」はthe。
4　a nice：　　　　数、形容詞、名詞の順。(形容詞→UNIT13)

UNIT 3 一般動詞の否定

「食べない」と言ってみよう！

don't eat (食べない)

● 日本語で「ない」という言葉をつけ加えるように、英語は not を使います。この単語は否定したい単語の前に置いて使います。上の例では eat の否定ですから not eat です。

● しかしこの not は単独で使えず、常に補助の単語と共に使われます。この場合の補助の単語とは do です。そこで、do not eat で動詞部分を構成します。
もっとも、普通は発音しやすい短縮形、don't が使われます。

● 語順は、これまでどおりです。つまり（私・食べない・夕食）でよいわけです。
英語で書くと、I don't eat dinner. です。

「私は動物が好きではない」	→	I don't like animals.
「私は本を読まない」	→	I don't read books.
「私はピアノを弾かない」	→	I don't play the piano.

● 数、量がはっきりしない時は、
I have some comic books.
（私は何冊かマンガ本を持っている）
しかし、これを否定する時は、「どんな(any)マンガ本も持っていない」と言わなければなりません。
そこで、I don't have any comic books. となるわけです。

● また I have no comic books. という表現もあります。
これは「私は0冊のマンガ本を持つ」という表現方法です。

英文イメージトレーニング3　この形の英文を言えるようにしよう！

（1）私は朝食を食べない。　　　　　＿＿＿ don't ＿＿＿＿＿．

（2）私はどんなスポーツもしない。　＿＿＿ don't ＿＿＿＿＿．

（3）私はコーヒーは好きではない。　＿＿＿ don't ＿＿＿＿＿．

（4）君はピアノを練習しない。　　　＿＿＿ don't ＿＿＿＿＿．

（5）私は手紙を書かない。　　　　　＿＿＿ don't ＿＿＿＿＿．

（6）私はお金がない。　　　　　　　＿＿＿ have ＿＿＿＿＿．

don't＋動詞を中央に入れれば、前回と同じイメージで英語が作れます。次ページでは no も含めた否定文を練習しましょう。

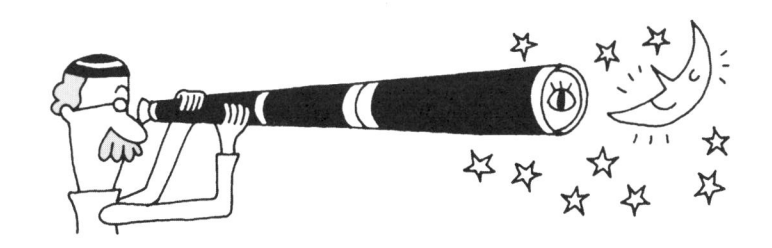

（1）I don't eat breakfast.　　（2）I don't play any sports.
（3）I don't like coffee.　　　（4）You don't practice the piano.
（5）I don't write letters.　　（6）I have no money.

中学編 1 ― 動詞が1個(1)・基本形を作る

文法を使ってみよう！　　　　　　　　　　CD 3

● **CHECK ONE**：下の英文が理解できるか **Check**！

☐1　I don't think so.

☐2　I don't smoke.

☐3　I don't have a DVD player.

☐4　I don't understand Japanese.

☐5　I don't have a cell phone.

☐6　I don't have any money.

☐7　I don't drink a lot.

☐8　I don't like Hollywood movies very much.

☐9　I have no time.

☐10　I have no idea.

(5)　cell phone「携帯電話」　(7) 後に名詞が続く場合は a lot of（名詞）
(6)　お金は「2個持つ」というように個数でやり取りしないので複数にしない
(8)　not－very「あまり～でない」

● **CHECK THREE**：文法ポイントを身につけたか　最終**Check**！

一方を選んで再確認

☐1　I (not・don't) like swimming.
☐2　I (play don't・don't play) baseball.
☐3　I don't have (some・any) books.
☐4　I (have・don't have) no radio.

24

● **CHECK TWO**：←下の日本文を英文にできるか **Check**！

□1　私はそうは思わない。

□2　私はタバコを吸わない。

□3　私はDVDプレーヤーを持っていない。

□4　私は日本語がわからない。

□5　携帯電話は持っていない。

□6　私はまったくお金を持っていない。

□7　私はたくさん飲まない。

□8　ハリウッド映画はあまり好きではない。

□9　時間がない。

□10　見当がつかない。

中学編1──動詞が1個(1)・基本形を作る

1　don't：　　　一般動詞の否定は don't を用いる。
2　don't play：　don't は動詞の前に置く。
3　any：　　　　否定の時は、some ではなく any。
4　have：　　　 no をつけたら、don't をつけない。

UNIT 4 一般動詞の疑問

相手に尋ねてみよう！

> Do you eat breakfast?（君は朝食を食べますか）

● 日本語の疑問では「か」を最後につけます。
英語では、前回の「否定」で使った補助の単語 do を使います。
上の例では、(君・食べる・朝食)といういつもの語順は崩さずに、do をその前に置きます。こうすることで、最初から疑問文だということが相手に伝わります。

> 君はアイスクリームが欲しいですか。
> 　→ Do（君・欲しい・アイスクリーム）→ Do you want ice cream?
> 君は英語が好きですか。
> 　→ Do（君・好き・英語）　　　　 → Do you like English?

● 答え方の基本は、
　　　はい、そうです。　　　Yes, I do.
　　　いいえ、違います。　　No, I don't.
もっとも、日本語同様、答える表現が決まっているわけではなく、Sure「もちろん」や、Not really「それほどでも」など自由に答えることができます。

● また、ここでも、some、any の話題が登場します。
否定と同様、疑問の時も、some ではなく any で尋ねます。
　Do you have any food?
　 ((どんなものでも)何か食べ物を持っていますか)

英文イメージトレーニング4　この形の英文を言えるようにしよう！

（1）君はたくさん本を読みますか。　　　　Do you ＿＿＿＿＿＿？

（2）君はピアノを弾きますか。　　　　　　Do you ＿＿＿＿＿＿？

（3）君はトムを知っていますか。　　　　　Do you ＿＿＿＿＿＿？

（4）君は日本語がわかりますか。　　　　　Do you ＿＿＿＿＿＿？

（5）君は何か質問がありますか。　　　　　Do you ＿＿＿＿＿＿？

（6）はい、あります。いいえ、ありません。Yes,＿＿＿. / No,＿＿＿.

中学編1－動詞が1個(1)・基本形を作る

> Do を先頭に置くだけで、後はそのままの語順です。
> 否定文や疑問文にしても、(私・食べる・夕食)の語順が変わらないことに注目してください。

---

(1) Do you read many books?　　(2) Do you play the piano?
(3) Do you know Tom?　　　　　 (4) Do you understand Japanese?
(5) Do you have any questions?　(6) Yes, I do. / No, I don't.

文法を使ってみよう！　　　　　　　　　　CD 4

● **CHECK ONE** : 下の英文が理解できるか **Check** ！

☐1　Do you smoke?

☐2　No, I don't.

☐3　Do you like Japanese food?

☐4　Sure, I love sushi.

☐5　Do you need help?

☐6　No, I don't think so.

☐7　Do you like video games?

☐8　Not very much.

☐9　Do you play any instruments?

☐10　Yes, I play the piano a little.

(9) (musical) instrument「楽器」　(10) a little「少し」

● **CHECK THREE** : 文法ポイントを身につけたか　最終**Check** ！

一方を選んで再確認

☐1　(Do you・You do) like music ?
☐2　Do (you play・play you) baseball?
☐3　No, I (don't・do).
☐4　Do you have (any・some) books?

● **CHECK TWO**：←下の日本文を英文にできるか **Check**！

□1 タバコを吸いますか。

□2 いいえ吸いません。

□3 日本食は好きですか。

□4 もちろん、すしが大好きです。

□5 手助けが必要ですか。

□6 いいえ、そうは思いません。

□7 テレビゲームは好きですか。

□8 それほど好きではありません。

□9 何か楽器を演奏しますか。

□10 はい、ピアノを少し弾きます。

1　Do you ：　疑問文は Do を先頭にする。
2　you play ：　Do の後ろは普通の語順。
3　don't ：　No の後ろは否定文。
4　any：　疑問の時は、any を用いる。

UNIT 5 前置詞

情報を追加してみよう！

> at seven（7時に）

● 何かを追加するときに、「プラスアルファ（＋α）」という言い方をしますが、これはまさに英語の追加情報の形を表しています。
前置詞はこの＋にあたり、αが名詞にあたります。
　　<u>at</u> <u>seven</u>
　　 ＋　　α

● I eat dinner という英語の主要3要素に、追加情報として at seven を加えます。これで、基本形の完成です。
　　I eat dinner at seven.　　　　　（私は夕食を7時に食べる）

● 前置詞はいろいろありますが、基本的には位置関係を示すものです。
代表的な10個の前置詞の基本イメージを漢字1字で表しておきます。

「点」	<u>at</u> school（学校で）	「中」	<u>in</u> Japan（日本に住む）
「離」	<u>from</u> Nara（奈良から）	「達」	<u>to</u> Mary（メアリーへ）
「向」	<u>for</u> China（中国へ向けて）	「源」	<u>of</u> Japan（日本の）
「共」	<u>with</u> Tom（トムと）	「接」	<u>on</u> the desk（その机の上）
「前」	<u>before</u> dinner（夕食前）	「後」	<u>after</u> school（放課後）

● 次の使い分けを覚えておくと便利です、
時間に関して、　at（時刻）＜on（日）＜in（月、季節、年、世紀）
場所に関して、　at（狭い場所）＜in（広い場所）
電気機器は、on TV、書物は in the book

英文イメージトレーニング5　この形の英文を言えるようにしよう！

中学編 1 — 動詞が1個(1)・基本形を作る

(1) 私はマイクとテニスをする。

　　　　　　　　　　 _____ play _____ with _____ .

(2) 君はラジオで音楽を楽しみますか。

　　　　　　　　　　 Do ____ enjoy _____ on _____ ?

(3) 私は7時に家を出る。

　　　　　　　　　　 _____ leave _____ at _____ .

(4) 私はその歌手の写真を持っている。

　　　　　　　　　　 _____ have _____ of _____ .

(5) 私達は夕食前にテレビを見ない。

　　　　　　　　　 ____ don't watch ____ before ____ .

(6) 私は学校まで歩きます。

　　　　　　　　　　 _____ walk to _____ .

ここに記されているのが、標準的な形の英文です。また、英文を読む時、動詞と前置詞に注目すると英文の骨格がわかります。

---

(1) I play tennis with Mike.　(2) Do you enjoy music on the radio?
(3) I leave home at seven.　(4) I have a picture of the singer.
(5) We don't watch TV before dinner.　(6) I walk to school.

文法を使ってみよう！　　　　　　　　　　　　　　CD 5

● **CHECK ONE** ：下の英文が理解できるか **Check** ！

☐1　Do you work for a bank?

☐2　After you.

☐3　Welcome to Japan.

☐4　I work from nine to five.

☐5　We eat lunch at the school cafeteria.

☐6　I write e-mails in English.

☐7　Do you do homework after dinner?

☐8　We enjoy cherry blossoms in spring.

☐9　We have a lot of time before the show.

☐10　Do you go out with Mary on Saturdays?

---

(4) from〜to...「〜から…まで」　　(6) 言語で用いる前置詞は in
(7) 一般動詞の do「する」　　　　(8) cherry blossoms「桜の花」

● **CHECK THREE** ：文法ポイントを身につけたか　最終**Check**！

一方を選んで再確認

☐1　I study English (school at・at school).
☐2　We go to school (on・at) Mondays.
☐3　I have a picture (to・of) my family.
☐4　I watch soccer games (on・in) TV.

32

● CHECK TWO：←下の日本文を英文にできるか Check！

中学編 1―動詞が1個⑴・基本形を作る

☐1　あなたは銀行に勤めているのですか。

☐2　お先にどうぞ。

☐3　日本へようこそ。

☐4　私は9時から5時まで働く。

☐5　私達は学校のカフェテリアで昼食を食べる。

☐6　私は英語でEメールを書きます。

☐7　君は夕食後に宿題をしますか。

☐8　私達は春に桜の花を楽しむ。

☐9　私達はそのショーまで、時間がたくさんある。

☐10　土曜日はメアリーと出かけるのですか。

1　at school：　　前置詞はその名のとおり、名詞の前に置く。
2　on：　　　　　日にちは on を用いる。
3　of：　　　　　「〜の」は of を用いる。
4　on：　　　　　テレビ、電話などの電気機器の前置詞は on。

UNIT 6 一般動詞：WH疑問

WH で尋ねてみよう！

> When do you play tennis?（いつ君はテニスをしますか）

● （君・する・テニス）に疑問の単語を追加します。
　この疑問の単語である WH の単語（疑問詞）は、必ず文の先頭に置かれます。その後に、疑問形をそのまま続けます。

（君・する・テニス）．	You play tennis.
Do（君・する・テニス）	Do you play tennis?
When do（君・する・テニス）	When do you play tennis?

（　　）の中がどれも同じ語順になっていることに注目してください。

● 他の疑問詞も見てみましょう。

What	何	What time	何時
When	いつ	Where	どこで
Who	誰	Whose	誰の
Which	どれ	Why	なぜ
How	どう	How many	いくつ

● 例えば、「なぜ君はイタリア語を勉強するのか」という場合、Why を先頭に置きます。その後に、疑問文なので、do（君・勉強する・イタリア語）という語順を続けます。

　　　Why do you study Italian ?

英文イメージトレーニング6　この形の英文を言えるようにしよう！

（1）いつ野球を練習しますか。　　　　When ＿＿＿ practice ＿＿＿ ?

（2）君は手に何を持っていますか。　　What ＿＿＿＿ have ＿＿＿＿ ?

（3）君は何時に帰宅しますか。　　　　What time ＿＿＿ get ＿＿＿ ?

（4）どうやって君は英語を学んでいますか。

　　　　　　　　　　　　　　　　　　How ＿＿＿ learn ＿＿＿＿ ?

（5）君は何枚CDを持っていますか。　How many ＿＿＿＿＿ have ?

（6）誰のコンピューターを君は使っているのですか。

　　　　　　　　　　　　　　　　　　Whose ＿＿＿＿＿＿ use ?

疑問詞部分をまず置いて、その後に普通の疑問文を続けます。doをつけて疑問文語順にすることを忘れないように。

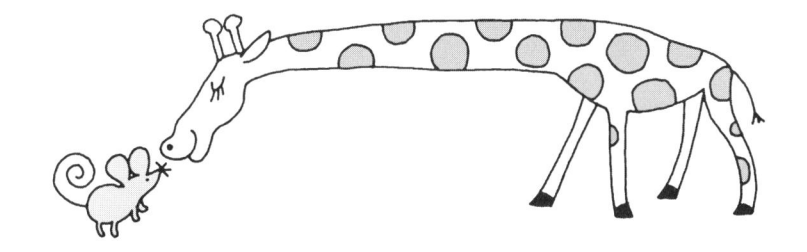

中学編 1 — 動詞が1個(1)・基本形を作る

---

(1) When do you practice baseball?
(2) What do you have in your hand?
(3) What time do you get home?　(4) How do you learn English?
(5) How many CDs do you have?　(6) Whose computer do you use?

文法を使ってみよう！   CD 6

● **CHECK ONE**：下の英文が理解できるか **Check**！

☐1　Where do you live?

☐2　I live in Fukuoka.

☐3　What sports do you like?

☐4　I like soccer and swimming.

☐5　How many books do you have?

☐6　About one hundred.

☐7　What do you do?

☐8　I work for a trading company.

☐9　How do you go to school?

☐10　I go to school by bus.

(6) about「約」　(10) by「〜によって」

● **CHECK THREE**：文法ポイントを身につけたか　最終**Check**！

一方を選んで再確認

☐1　(Where do・Do where) you live?
☐2　When (do you play・you play) tennis?
☐3　What (subjects do you like・do you like subjects) ?
☐4　How many (do you have pens・pens do you have) ?

● CHECK TWO：←下の日本文を英文にできるか Check！

- [ ] 1　どこに住んでいるのですか。
- [ ] 2　福岡に住んでいます。
- [ ] 3　何のスポーツが好きですか。
- [ ] 4　サッカーと水泳が好きです。
- [ ] 5　何冊本を持っていますか。
- [ ] 6　100冊くらい。
- [ ] 7　何をしていますか。（職業など）
- [ ] 8　商社に勤めています。
- [ ] 9　どうやって学校に行きますか。
- [ ] 10　バスで学校に行きます。

中学編1──動詞が1個⑴・基本形を作る

1　Where do：　　　　　疑問詞先頭。
2　do you play：　　　　疑問詞の後は疑問文の語順。
3　subjects do you like：what subjects（何の科目）でひとかたまり。
4　pens do you have：　how many pens でひとかたまり。

UNIT 7 　一般動詞：単数の主語

「彼」を主語にしてみよう！

> He likes music.（彼は音楽が好き）

● 上の例文の likes の s に注目してください。以前、名詞の複数に s をつけました。今度は動詞に s です。
　　（ややこしいですが、これ以上 s をつける話は、ありません）

● 主語が単数ならば、動詞に s をつけます。

> The two boys like soccer.　　（その2人の少年はサッカーが好き）
> The boy likes soccer.　　　　（その少年はサッカーが好き）

● s のつけ方は、複数の s の時と同じです。
　watch　（見る）　　　→　watches　（最後が s、sh、ch など）
　study　（勉強する）　→　studies　　（子音字 + y）
　have　　（持つ）　　　→　has　　　　（不規則なもの）

● 英語は人を区別します。というのも I と You だけは特別扱いなのです。
　それで、単数でありながらも、I、You に対しては、動詞に s をつけません。しかし、Your sister（君の妹）などは特別扱いしませんので注意しましょう。特別扱いは、あくまでも I と You の2人だけです。
　You study French.　　　　　（君はフランス語を勉強する）
　Your sister studies French.　（君の姉はフランス語を勉強する）

● 今回の動詞のsは、I（1人称）、You（2人称）、それ以外（3人称）という文法用語より、3単現のsと呼ばれています（3人称・単数・現在）。

英文イメージトレーニング7　この形の英文を言えるようにしよう！

（1）私の父は料理が好きだ。　　　　　_____ likes _____ .

（2）私の姉は中国で中国語を勉強している。

　　　　　　　　　　　　　　　_____ studies _____ in _____ .

（3）彼は熱心に働いている。　　　　_____ works _____ .

（4）彼女は美しい髪をしている。　　　_____ has _____ .

（5）彼女は彼のその仕事を手伝っている。

　　　　　　　　　　　　　　　_____ helps _____ with _____ .

（6）私の兄は日曜日に彼の車を洗う。　_____ washes _____ on _____ .

動詞のsは1つの大きなハードルですが、「英語は人を区別する」ことを覚えておけば大丈夫です。また、代名詞を一部並べておきます。（詳しくは、UNIT 9で）

　　　私は / 私の　　君は / 君の　　彼は / 彼の　　彼女は / 彼女の
　　　　I　/　my　　you / your　　he　/　his　　she　/　her

(1) My father likes cooking.　(2) My sister studies Chinese in China.
(3) He works hard.　(4) She has beautiful hair.
(5) She helps him with the work.
(6) My brother washes his car on Sundays.

文法を使ってみよう！　　　　　　　　　　　　　CD 7

● **CHECK ONE**：下の英文が理解できるか **Check**！

☐1　He takes a subway to his college.

☐2　She sends a lot of e-mails every day.

☐3　My mother teaches math at the high school.

☐4　He and she know each other.

☐5　He gets up at six every morning.

☐6　She does her best.

☐7　Your sister has a lot of CDs.

☐8　He has brown hair.

☐9　He lives alone in Yokohama.

☐10　My daughters buy a lot of clothes.

(4) each other「お互い」　　(9) alone「一人で」
(10) は主語が複数なので、動詞に s は不要。clothes「衣服」

● **CHECK THREE**：文法ポイントを身につけたか　最終**Check**！

一方を選んで再確認

☐1　He (likes・like) sports.
☐2　My sisters (plays・play) the piano.
☐3　He (study・studies) math every day.
☐4　She (have・has) a CD player.

● CHECK TWO：←下の日本文を英文にできるか **Check**！

- [ ] 1　彼は大学まで地下鉄に乗っている。
- [ ] 2　彼女は毎日Eメールをたくさん送っている。
- [ ] 3　私の母はその高校で数学を教えている。
- [ ] 4　彼と彼女はお互い知っている。
- [ ] 5　彼は毎朝6時に起きる。
- [ ] 6　彼女は全力をつくす。
- [ ] 7　君の姉さんはたくさんCDを持っている。
- [ ] 8　彼は茶色の髪をしている。
- [ ] 9　彼は横浜で一人暮らしだ。
- [ ] 10　私の娘達はたくさん服を買う。

1　likes：　　主語がI、You以外の単数の時は、動詞にs。
2　play：　　主語が複数なので、動詞にsは不要。
3　studies：　子音字＋yはyをiにしてes。
4　has：　　haveにsをつける時はhasになる。

UNIT 8 　一般動詞：単数の主語：否定・疑問

　　　　　　　　He や She の否定文や疑問文を作ってみよう！

> He doesn't watch TV.（彼はテレビを見ない）
> Does he watch TV?（彼はテレビを見ますか）

● I watch TV. を否定、疑問の形にするためには、補助となる単語 do が必要でした。それと同様に、主語が I、You 以外の単数の時も補助となる単語が必要です。
ただし、今回は do ではなく、es のついた does を使います。
また、does にしたことで「主語が単数の場合は動詞に s」という対応は終わっています。そこで、その後ろの動詞はそのままの形（原形）です。

● 例えば、 My father plays golf.　　　（私の父はゴルフをする）
これを否定や疑問にすると、

> My father doesn't（does not）play golf.
> 　　　　　　　　　　　　　（私の父はゴルフをしない）
> Does your father play golf?
> 　　　　　　　　　　　　　（君の父はゴルフをしますか）
> Yes, he does.　 No, he doesn't.
> 　　　　（はい、します）（いいえ、しません）

● 疑問詞がつく場合、 例えば、「彼はどこで働いていますか」ならば、まず Where、そして does he と続けます。
　　Where does he work?

● do / does の変換をまとめて比較してみましょう。

	I like coffee.	He likes coffee.
（否定）	I don't like coffee.	He doesn't like coffee.
（疑問）	Do you like coffee?	Does he like coffee?
（WH疑問）	What do you like?	What does he like?

英文イメージトレーニング8　この形の英文を言えるようにしよう！

(1) 彼には姉妹はいません。　　　　＿＿＿ doesn't have ＿＿＿＿.

(2) 私の弟は本を読みません。　　　＿＿＿ doesn't read ＿＿＿＿.

(3) 彼女は自転車に乗りません。　　＿＿＿ doesn't ride ＿＿＿＿.

(4) 彼は日曜を楽しんでいますか。　Does ＿＿＿ enjoy ＿＿＿＿?

(5) 彼女は日本語を教えていますか。Does ＿＿＿ teach ＿＿＿＿?

(6) 何時に彼女はここに来ますか。　What time ＿＿＿ come ＿＿＿＿?

> does を使った時は、その後ろの動詞は原形(何もつかない形)です。
> doesn't plays とならないようにしましょう。
> そこさえ気をつけていれば、do を使ったように does が使えます。

---

(1) He doesn't have any sisters.　(2) My brother doesn't read books.
(3) She doesn't ride a bike.　(4) Does he enjoy Sundays?
(5) Does she teach Japanese?
(6) What time does she come here?

文法を使ってみよう！ CD 8

● **CHECK ONE**：下の英文が理解できるか **Check**！

- ☐1　My father doesn't work on Saturdays.
- ☐2　Does she speak Japanese?
- ☐3　No, she uses only English.
- ☐4　He doesn't live in this city.
- ☐5　Where does he live?
- ☐6　He lives in a small village.
- ☐7　How many days does March have?
- ☐8　It has thirty-one days.
- ☐9　Does your wife play any sports?
- ☐10　No, she doesn't like sports very much.

(3) only「だけ」　(6) village「村」　(7) 他の月は中学編最終ページ参照

● **CHECK THREE**：文法ポイントを身につけたか　最終**Check**！

一方を選んで再確認

- ☐1　He (doesn't・don't) eat breakfast.
- ☐2　She doesn't (plays・play) the violin.
- ☐3　(Does・Do) he have any brothers?
- ☐4　Where (she・does she) work?

● CHECK TWO：←下の日本文を英文にできるか Check！

- [ ] 1　私の父は土曜日には働かない。
- [ ] 2　彼女は日本語を話しますか。
- [ ] 3　いいえ、彼女は英語だけを使います。
- [ ] 4　彼はこの町に住んでいない。
- [ ] 5　彼はどこに住んでいますか。
- [ ] 6　彼は小さな村に住んでいる。
- [ ] 7　3月は何日ありますか。
- [ ] 8　31日あります。
- [ ] 9　君の奥さんは何かスポーツをしますか。
- [ ] 10　いいえ、彼女はスポーツがあまり好きではない。

1　doesn't：　　主語が単数の時は、doesn't を使う。
2　play：　　　does の後の動詞は原形になる。
3　Does：　　　主語が単数の時は、Does を使う。
4　does she：　疑問詞の後は疑問文の語順にする。

UNIT 9 代名詞

人をいろいろな立場に置いてみよう！

I	my	me	mine
（私は	私の	私を	私のもの）

● 上のように、日本語の場合は、「は」や「の」といった助詞をつけて役割を表しますが、I や you といった代名詞では単語自体が変わります。代名詞の表の中から適したものを選ぶことになります。

● まず単数について

私	I	my	me	mine	myself
君	you	your	you	yours	yourself
彼	he	his	him	his	himself
彼女	she	her	her	hers	herself
それ	it	its	it	—	itself
	〜は （主格）	〜の （所有格）	〜を、〜に （目的格）	〜のもの （所有代名詞）	〜自身 （再帰代名詞）

　　My mother knows him.　　　　　（私の母は彼を知っている）

● 次に複数について（you は同じ。「彼」「彼女」「それ」がひとつにまとまりました）

私達	we	our	us	ours	ourselves
君達	you	your	you	yours	yourselves
彼(女)ら それら	they	their	them	theirs	themselves
	〜は (主格)	〜の (所有格)	〜を、〜に (目的格)	〜のもの (所有代名詞)	〜自身 (再帰代名詞)

また前置詞の後の代名詞は、3番目(目的格)を使います。
　　They play tennis with us.　　　　（彼らは私達とテニスをする）

英文イメージトレーニング9　この形の英文を言えるようにしよう！

(1) 彼女は彼を好きです。　　　　　_____ likes _____ .

(2) 私達の犬はそれが好きではない。_____ doesn't like _____ .

(3) 彼女は彼達を知ってますか。　　_____ know _____ ?

(4) 私は彼女のものを使っている。　_____ use _____ .

(5) 彼らの父親はアメリカに住んでいる。_____ lives _____ .

(6) 私は彼とテニスをする。　　　　_____ play _____ with _____ .

> 代名詞の表は、やはり「アイ、マイ、ミー、マイン」と声に出して覚えるのが効果的です。常に使うものなのでなるべく早く覚えましょう。

---

(1) She likes him.　　　　　(2) Our dog doesn't like it.
(3) Does she know them?　　(4) I use hers.
(5) Their father lives in America.　(6) I play tennis with him.

中学編 1 — 動詞が1個(1)・基本形を作る

文法を使ってみよう！ CD 9

● **CHECK ONE**：下の英文が理解できるか **Check**！

☐1　I don't know him very well.

☐2　Which computer does he use?

☐3　He uses mine.

☐4　I play tennis with them.

☐5　Where does their son live?

☐6　He lives in Japan, too.

☐7　She doesn't like him.

☐8　He doesn't like her, either.

☐9　She makes a cake for us.

☐10　I cook dinner for myself.

(6) ,too（〜も）　(8) ,either（〜も：否定文の時）　(10) for myself（私自身で）

● **CHECK THREE**：文法ポイントを身につけたか　最終**Check**！

一方を選んで再確認
☐1　I know（him・he）.
☐2　Do you know（their・them）mother?
☐3　He uses（your・yours）.
☐4　She works with（we・us）.

● **CHECK TWO**：←下の日本文を英文にできるか **Check**！

☐1　私は彼をあまりよく知らない。

☐2　彼はどのコンピューターを使っていますか。

☐3　彼は私のものを使っています。

☐4　私は彼女らとテニスをします。

☐5　彼らの息子はどこに住んでますか。

☐6　彼も日本で暮らしている。

☐7　彼女は彼を好きではない。

☐8　彼も彼女を好きではない。

☐9　彼女は私達のためにケーキを作ってくれる。

☐10　私は自分で夕食を作る。

中学編 1 — 動詞が1個(1)・基本形を作る

1　him：　　　「彼を」は him。
2　their：　　　「彼らの」は their。
3　yours：　　　「君のもの」は yours。
4　us：　　　前置詞の後は、代名詞の表の3番目(目的格)。

UNIT 10 be動詞

「楽しい」と言ってみよう！

> I am happy.（私は楽しい）

● 意味だけを考えると「私は楽しい」は、I happy だけで十分です。しかし、これは英文の形になっていません。というのも、英文は、時間を表す形になっていなければならないからです。

● そこで、「私は楽しい」という意味に影響することなく、時間を伝える単語が必要になります。それが今回の be 動詞です（原形が be なので、そう呼ばれます）。
be動詞を＝に置き換えて、I＝happy と考えると理解しやすいと思いますが、そこにとどまらず、時間を伝えることこそが be 動詞の仕事だと考えると、格段に英文法の見通しがよくなります。

● また I と You は特別扱いだったことを思い出してください。そのために、be動詞は、I、You、そしてそれ以外用に、3種類あります。

> (I) am、(You・複数) are、(単数) is

これら be動詞は動作を表しませんが、時間を伝える役割を果たしているので動詞と言えるわけです。

● また「彼女は日本にいる」という時も、この be動詞を使います。
　　She is in Japan.　　　　　　　　　（彼女は日本にいます）
She in Japan だけでも意味は通じますが、これもやはり時間を伝える形になっていないのです。

英文イメージトレーニング10　この形の英文を言えるようにしよう！

（1）彼女は背が高い。　　　　　　＿＿＿＿＿＿ is ＿＿＿＿＿＿．

（2）私は悲しい。　　　　　　　　＿＿＿＿＿＿ am ＿＿＿＿＿＿．

（3）君は親切です　　　　　　　　＿＿＿＿＿＿ are ＿＿＿＿＿＿．

（4）私の兄は頭がよい。　　　　　＿＿＿＿＿＿ is ＿＿＿＿＿＿．

（5）彼らは今東京にいる。　　　　＿＿＿＿＿＿ are in ＿＿＿＿＿＿．

（6）私は大学生です。　　　　　　＿＿＿＿＿＿ am ＿＿＿＿＿＿．

中学編　1　動詞が1個(1)・基本形を作る

be動詞と＝の違いは次のようなことです。
＝は単独で意味を持ちますが、ただ "is" と言っても何も意味を伝えません。そこにある情報は「現在」という時間だけです。
また、なぜbe動詞を入れるかが理解できると、He works. を He is work. とする間違いはなくなります。時間を表す work があるので is の出番はありません。

....

(1) She is tall.　　　　　　(2) I am sad.
(3) You are kind.　　　　　(4) My brother is smart.
(5) They are in Tokyo now.　(6) I am a college student.

文法を使ってみよう！　　　　　　　　　　　CD 10

● **CHECK ONE**：下の英文が理解できるか **Check**！

☐1　That's great.　　　　　　　　　　　　　　　(That is)

☐2　That's too bad.

☐3　I am an only child.

☐4　They are good at soccer.

☐5　My father is an office worker.

☐6　He is one of the players.

☐7　Ken and I are good friends.

☐8　Everything is OK.

☐9　My favorite food is pizza.

☐10　I'm really full.

(2) too bad「あまりに悪い」　(4) be good at「〜が得意」
(6) one of「〜のうちの一人」　(9) favorite「好きな」　(10) full「いっぱい」

● **CHECK THREE**：文法ポイントを身につけたか　最終**Check**！

一方を選んで再確認

☐1　She (is happy・happy).
☐2　He (is・are) my brother.
☐3　They (are・is) sisters.
☐4　He (likes・is like) dogs.

● CHECK TWO：←下の日本文を英文にできるか **Check**！

☐1　それは素晴らしい。

☐2　それはいけませんね。（悪い知らせを聞いた時）

☐3　私は一人っ子です。

☐4　彼らはサッカーが得意だ。

☐5　私の父は会社員です。

☐6　彼はその選手達のうちの一人だ。

☐7　ケンと私はよい友達です。

☐8　すべて順調だ。

☐9　私の好きな食べ物はピザです。

☐10　私は本当におなかいっぱいです。

1　is happy：　　時間を伝える単語、つまり is が必要。
2　is：　　　　　単数の主語には is。
3　are：　　　　複数の主語には are。
4　likes：　　　 動詞（like）がある時に be動詞を持ち出さない。

UNIT 11 be動詞:否定・疑問

「楽しくない」と言ってみよう!

I'm not happy (私は楽しくない)

● 一般動詞の否定文を思い出してみましょう。
　　I like cats.　　否定文は、I do not like cats.
not は否定したい単語(like)の前、そして not の前には補助の単語(do)でした。

● 今回は、happy を否定したいわけですから、happy の前に not を置きます。そして not の前には補助の単語です。しかし be動詞は形を整えるための補助的な単語でした。そこで、これ以上単語を加える必要はありません。
2つの文を重ねてみると、一般動詞も、be動詞も同じ発想だということがわかります。
　　I <u>do</u> not like cats.
　　I <u>am</u> not hungry.

● 3種類の否定文を見てみましょう(短縮形が一般的です)。

私は忙しくない。	I'm not busy.	(am not)
君は間違っていない。	You aren't wrong.	(are not)
彼は親切ではない。	He isn't kind.	(is not)

● 疑問文も同じです。補助の単語を先頭に出すだけです。
つまり、Do / Does の位置に be動詞を置くということです。
　　Are you a baseball fan?　　Yes, I am.　　No, I'm not.
　　　　(野球ファンですか。はいそうです。いいえ違います)

Is she happy?   Yes, she is.

（彼女は幸せですか、はいそうです）

英文イメージトレーニング11　この形の英文を言えるようにしよう！

(1) 私は眠くない。　　　　　　　＿＿＿＿＿ am not ＿＿＿＿＿．

(2) 君は疲れていますか。　　　　Are ＿＿＿＿＿＿＿＿＿＿＿？

(3) 私の兄は学生ではない。　　　＿＿＿＿＿ isn't ＿＿＿＿＿．

(4) 君の犬は病気なのですか。　　Is ＿＿＿＿＿＿＿＿＿＿＿＿？

(5) 数学は君にとって簡単ですか。Is ＿＿＿＿＿ for ＿＿＿＿＿？

(6) 私は間違っていますか。　　　Am ＿＿＿＿＿＿＿＿＿＿＿？

ここで見てきたように、補助の単語という観点に立てば、英語の否定、疑問の形は１種類しかないと考えることができます。

中学編 1 — 動詞が1個(1)・基本形を作る

(1) I am not sleepy.（I'm not）　(2) Are you tired?
(3) My brother isn't a student.　(4) Is your dog sick?
(5) Is math easy for you?　(6) Am I wrong?

文法を使ってみよう！　　　　　　　　　　　CD 11

● **CHECK ONE**：下の英文が理解できるか **Check**！

☐1　That isn't true.

☐2　Is that so?

☐3　Are you interested in history?

☐4　Is English difficult for you?

☐5　Are you OK?

☐6　Is this too small for her?

☐7　I'm not sure.

☐8　Are you afraid of the dog?

☐9　I'm not very happy about this.

☐10　Is your sister in Hawaii now?

(1) true「本当の」　(3) be interested in「～に興味がある」　(6) too「あまりに」
(7) sure「確か」　(8) be afraid of「～を怖がる」

● **CHECK THREE**：文法ポイントを身につけたか　最終**Check**！

一方を選んで再確認

☐1　He (isn't・doesn't) happy.

☐2　(Does・Is) she your friend?

☐3　(Are・Is) you sure?

☐4　(Does・Is) he like baseball?

● **CHECK TWO**：←下の日本文を英文にできるか **Check**！

中学編 1 ― 動詞が1個⑴・基本形を作る

☐1 それは本当ではない。

☐2 そうなんですか。

☐3 君は歴史に興味がありますか。

☐4 英語はあなたにとって難しいですか。

☐5 大丈夫ですか。

☐6 これは彼女には小さすぎますか。

☐7 よくわかりません。

☐8 君はその犬が怖いのですか。

☐9 私は、このことをあまり喜んでいない。

☐10 あなたの姉さんは今ハワイにいるのですか。

1 isn't： is の否定は isn't。doesn't は一般動詞の否定。
2 Is： 一般動詞がない時には do は使えない。
3 Are： You に対する be動詞は are。
4 Does： 一般動詞(like)がある時には be動詞を考えない。

UNIT 12 be動詞：WH疑問

理由を尋ねてみよう！

> Why are you sad?（なぜ君は悲しいのですか）

● 「なぜ」という情報を追加してみました。
　一般動詞の時に、疑問詞を置いた後に、疑問文語順を続けました。be動詞でも作り方は同じです。
　　Is your office in Ginza?　（あなたの事務所は銀座ですか）
　　Where is your office?　　（あなたの事務所はどこですか）

● ものを表す代名詞をいくつか、ここで紹介します。
　これらの代名詞を使って、be動詞のWH疑問を作ってみましょう。

this これ	that あれ / それ	it それ
these これら	those あれら	they それら（彼（女）ら）

　　Are those yours?　　　　　　（あれらは君のものですか）
　　What are those?　　　　　　　（あれらは何ですか）

● ここで、例外的な疑問文を紹介します。
　それは疑問詞自体が主語になった時です。疑問文語順は補助の単語を主語の前に出すことでした。しかし疑問詞は自分より前に単語を出させないために疑問文語順が作れません。そこで、次のような通常の語順になります。
　　Who lives here ?　　　　（誰がここに住んでいるのですか）
　　Tom does.　　　　　　　　　　　　　　　（トムです）
　　　　　　　　　　＊この does は lives の代わりです。

英文イメージトレーニング12　この形の英文を言えるようにしよう！

(1) これは何ですか。　　　　　　What ＿＿＿＿＿＿＿ ?

(2) 調子はどうですか。　　　　　How ＿＿＿＿＿＿＿ ?

(3) あれは誰の車ですか。　　　　Whose car ＿＿＿＿＿＿＿ ?

(4) 彼女達はどこですか。　　　　Where ＿＿＿＿＿＿＿ ?

(5) これらはいくらですか。　　　How much ＿＿＿＿＿＿＿ ?

(6) 彼女は誰ですか。　　　　　　Who ＿＿＿＿＿＿＿ ?

中学編1──動詞が1個(1)・基本形を作る

この疑問文の形を学んだことで、会話でよく用いられる表現を数多く使うことができます。次ページでさらに疑問詞とbe動詞が組み合わさった表現を見てみましょう。

....

(1) What is this?　（What's this）　(2) How are you?
(3) Whose car is that?　　　　　　(4) Where are they?
(5) How much are these?　　　　　(6) Who is she?

文法を使ってみよう！　　　　　　　　　　CD 12

● **CHECK ONE**：下の英文が理解できるか **Check**！

- ☐1　What's wrong?
- ☐2　I have a headache.
- ☐3　How old is your son?
- ☐4　He is five years old.
- ☐5　Where are you from?
- ☐6　I'm from Sydney.
- ☐7　How is your mother?
- ☐8　She is fine, thank you.
- ☐9　Where is the bathroom?
- ☐10　It's over there.

(1) What's the matter? という言い方もある　(2) headache「頭痛」
(10) over there「あの向こう」

● **CHECK THREE**：文法ポイントを身につけたか　最終**Check**！

一方を選んで再確認
- ☐1　Where (is・does) she from?
- ☐2　Whose book (is this・this is)?
- ☐3　What (are・is) these?
- ☐4　Who (does have・has) my book now?

● **CHECK TWO**：←下の日本文を英文にできるか **Check**！

☐1　どうしましたか。

☐2　頭が痛いです。

☐3　君の息子は何歳ですか。

☐4　5歳です。

☐5　君はどこの出身ですか。

☐6　シドニー出身です。

☐7　あなたのお母さんはいかがですか。

☐8　彼女は元気です、ありがとう。

☐9　トイレはどこですか。

☐10　あの向こうです。

1　is：　　　　動詞がない時に、do (es) は使えない。
2　is this：　　疑問詞(のフレーズ)の後は疑問文語順。
3　are：　　　複数(these これら)に対するbe動詞はare。
4　has：　　　疑問詞が主語になった時は、疑問文語順が作れない。

UNIT 13 形容詞・副詞

　　　　　　　　　　　　　　　　　　説明を加えてみよう！

> I eat a big hamburger there.
> （私はそこで大きいハンバーガーを食べる）

● 上の例文の a big hamburger の big は修飾語（説明する語）です。この修飾語を形容詞と言います。もう1種類の修飾語が副詞です（上の there）。実は、これまでの例文の中ですでに何度か登場しています。

● 形容詞と、副詞の違いがわからないという声もよく聞かれますが、次の一文で大丈夫です。
「名詞を修飾すれば形容詞、そうでなければ副詞」。これだけです。

● よく用いられる、頻度を表す副詞を見てみましょう。

always いつも	often たびたび	usually たいてい
sometimes 時々	never 一度もない	

　They always use a computer.
　　　　　（彼らはいつもコンピューターを使っている）
　They are always tired.　　　（彼らはいつも疲れている）

結果的に「一般動詞の前、be動詞の後ろ」になりますが、ただ単に、意味がつながる単語（つまり、use や tired）の前に置かれているだけです。頻度というのは、「する、しない」という話題ですから、not と同じ位置なのです。

62

ちなみに not も（名詞を修飾しないので）副詞です。

🔊 時を表す副詞と場所を表す副詞を両方使いたい時は、「時間は最後」と覚えておくと便利です。
We play tennis there every day.（私達は毎日そこでテニスをする）

英文イメージトレーニング13　この形の英文を言えるようにしよう！

（1）彼は難しい本を読んでいる。　　　　　　＿＿＿＿ reads ＿＿＿＿ .

（2）彼はいつも難しい本を読んでいる。　　　＿＿＿＿ reads ＿＿＿＿ .

（3）彼女はとてもかわいい犬を飼っている。

　　　　　　　　　　　　　　　　　　　　＿＿＿＿ has ＿＿＿＿ .

（4）私は普段忙しい　　　　　　　　　　　＿＿＿＿ am ＿＿＿＿ .

（5）彼は時々私に電話する。　　　　　　　＿＿＿＿ calls ＿＿＿＿ .

（6）彼女は決してテレビを見ない。　　　　＿＿＿＿ watches ＿＿＿＿ .

これで Part 1 も終了です。次のページでは Part 1 全体の復習を兼ねて、様々な修飾語をつけ加えた表現にトライしてみましょう。

（1）He reads difficult books.　　（2）He always reads difficult books.
（3）She has a very cute dog.　　（4）I am usually busy.
（5）He sometimes calls me.　　　（6）She never watches TV.

63

文法を使ってみよう！　　　　　　　　　　CD 13

● **CHECK ONE** ：下の英文が理解できるか **Check** ！

☐1　My husband is always busy.

☐2　What time do you usually get up?

☐3　He sometimes brings cookies to us.

☐4　I don't like loud music.

☐5　Is she always so quiet?

☐6　How often do you call your mother ?

☐7　Once or twice a month.

☐8　My sister always talks a lot.

☐9　He looks fine.

☐10　It sounds good.

(7) once「1回」、twice「2回」、3回以上は times (three times …)
(9) (10) look, sound は be 動詞を使う気持ちで形容詞をつなぐ

● **CHECK THREE** ：文法ポイントを身につけたか　最終**Check** ！

一方を選んで再確認

☐1　He (is always・always is) hungry.
☐2　I (play sometimes・sometimes play) golf.
☐3　She often (watches・watch) TV.
☐4　He (is look・looks) kind.

64

● CHECK TWO：←下の日本文を英文にできるか Check！

☐1　私の夫はいつも忙しい。

☐2　君はたいてい何時に起きますか。

☐3　彼は時々私達にクッキーを持ってきてくれる。

☐4　私は騒々しい音楽は好きではない。

☐5　彼女はいつもそんなに静かなのですか。

☐6　どのくらいの頻度でお母さんに電話しますか。

☐7　月に1～2回です。

☐8　私の姉はいつもよくしゃべる。

☐9　彼は元気そうだ。（見て判断する時）

☐10　それは良さそうだ。（聞いて判断する時）

---

1 is always： always は修飾する (hungry) の前。
2 sometimes play： sometimes は修飾する (play) の前。
3 watches： 修飾語が入っても主語が単数なら動詞に (e)s.
4 looks： look は「見える」という動詞なので is は不要。

Part 1 (1)〜(13) SELF-CHECK

<u>I</u>　　<u>eat</u>　　<u>dinner</u>　　<u>at seven</u> .
① 　　②　　　③　　　　④

　　　　　　　　　　　　　話題となっている基本形の位置
☐(1)　　複数の名詞に s をつけることができる。　　　　　①③
☐(2)　　動詞を中央に置くことができる。　　　　　　　　②
☐(3)　　don't をつけて一般動詞を否定できる。　　　　　②
☐(4)　　Do you を先頭にして疑問文を作ることができる。　②
☐(5)　　前置詞を使って名詞を追加できる。　　　　　　　④
☐(6)　　WH の疑問詞に一般動詞の疑問文を続けることができる。④
☐(7)　　主語が単数の時に動詞に s をつけることができる。②
☐(8)　　否定で doesn't、疑問で Does he を使うことができる。②
☐(9)　　代名詞の表が言える。　　　　　　　　　　　　　①③
☐(10)　 3種類の be動詞を区別できる。　　　　　　　　　②
☐(11)　 否定で isn't、疑問で Is he を使うことができる。　②
☐(12)　 WH の疑問詞に be動詞の疑問文を続けることができる。④
☐(13)　 様々な修飾語を加えることができる。　　　　　　③④

Part 1 は、いわば基本形 "I eat dinner at seven." をどうやって作るかという話でした。 これで英語の骨格ができたことになります。

次の Part 2 では、過去や未来に行ってみましょう。

中学編

Part 2

動詞が1個(2)：時間を移動する

UNIT 14 It の主語

時刻を告げてみよう！

> It is seven thirty.（7時30分です）

● 「暗い」「6時」「暑い」「曇り」、これらを英語にしてみると、
　　dark、six o'clock、hot、cloudy
どれもこれだけで、「6時だよ」とか「暑いなあ」という意味は十分伝わります。ただ、例によって時間に反応する形になっていませんから、be動詞を登場させることになります。
　　is dark

● まだ不十分です。確かにこれらの話題では、意味の上で主語は必要ないのですが、主語がないと、疑問文も作れません（すでに is が先頭にいますから）。 そこで持ち出された単語が、意味に影響を与えず、見た目も地味な it です。
この it、時刻の it や天候の it などと呼ばれていますが、別に it に時刻、天候に関わる意味があるわけではなく、ただ形を整えるために置かれているだけです。

● 次のような単語がこの形で用いられます。

hot 暑い	warm 暖かい	cool 涼しい
cold 寒い	dark 暗い	light 明るい
five twenty 5時20分	eleven (o'clock) 11時	sunny 晴れた
cloudy 曇った	rainy 雨が降っている	
snowy 雪が降っている		

It is (It's) cool.	（涼しいです）
It is six fifty now.	（今6時50分です）
Is it rainy there?	（そちらは雨ですか）

英文イメージトレーニング14　この形の英文を言えるようにしよう！

(1) 晴れです。　　　　　　　　＿＿＿＿ is ＿＿＿＿＿ .

(2) 寒くありません。　　　　　＿＿＿＿ isn't ＿＿＿＿＿ .

(3) 何時ですか。　　　　　　　What time ＿＿＿＿＿＿ ?

(4) 3時15分です。　　　　　　＿＿＿＿ is ＿＿＿＿＿ .

(5) 私には、あまり暑くない。　＿＿ isn't ＿＿ for ＿＿ .

(6) 大阪は雨ですか。　　　　　Is ＿＿＿＿ in ＿＿＿＿ ?

> it は気軽に使える便利な単語です。特に時間の話題では、よく出てきます。
> 次のページの練習で it を使いこなせるようになりましょう。

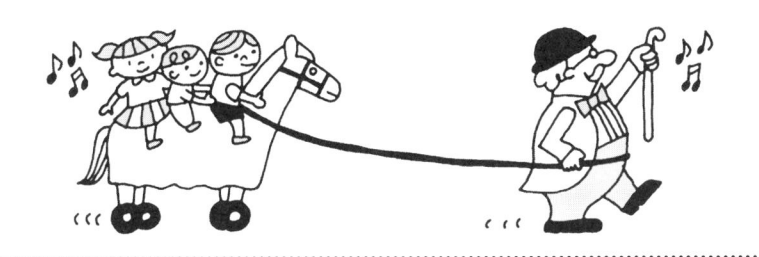

(1) It is sunny.　　　　　　(2) It isn't cold.
(3) What time is it ?　　　 (4) It is three fifteen.
(5) It isn't very hot for me.　(6) Is it rainy in Osaka?

文法を使ってみよう！　　　　　　　　　　CD 14

● **CHECK ONE** : 下の英文が理解できるか **Check** !

☐1　It's a beautiful day.

☐2　What time is it in LA now?

☐3　It's one o'clock in the morning.

☐4　What day is today?

☐5　It's Thursday.

☐6　What's the date today?

☐7　It's September twenty-fourth.

☐8　When is your birthday?

☐9　It's January third.

☐10　Is it always hot in Singapore?

(7)日にちは「番目」（序数）をとる。月、曜日とあわせて中学編最終ページ参照

● **CHECK THREE** : 文法ポイントを身につけたか　最終**Check** !

一方を選んで再確認

☐1　(Its・It's) seven o'clock.
☐2　When (it is・is it)?
☐3　(Does it・Is it) Sunday?
☐4　It (doesn't・isn't) hot.

● **CHECK TWO**：←下の日本文を英文にできるか **Check**！

☐1　とてもよい天気です。

☐2　ロサンゼルスは今何時ですか。

☐3　午前1時です。

☐4　今日は何曜日ですか。

☐5　木曜日です。

☐6　今日は何日ですか。

☐7　9月24日です。

☐8　君の誕生日はいつですか。

☐9　1月3日です。

☐10　シンガポールはいつも暑いのですか。

---

1 It's：　　its は「それの」という代名詞。UNIT 9 参照。
2 is it：　　疑問詞の後は疑問文語順。
3 Is it：　　一般動詞のないところで does は使わない。
4 isn't：　　doesn't は一般動詞の前で使う。hot は形容詞。

UNIT 15　There is / are

ものがあることを伝えてみよう！

> There is a book.（本があります）

● 「ある」「いる」という時、「そこ」を表す単語There を最初に置き、ものの存在が話題であることをまず伝えます。本来、先頭にある主語はbe動詞の右に入ります。英語は数にこだわるということは、ここでも忘れることはできません。
単数、複数できちんとbe 動詞を使い分けます。

| There is a dog. | 1匹の犬がいる。 | （単数） |
| There are two dogs. | 2匹の犬がいる。 | （複数） |

● あくまでもbe動詞の文ですから、否定・疑問の作り方もこれまでどおりです。
　　There aren't any students.　　　　（学生はひとりもいない）
　　Are there any apples?　　　　（いくらかリンゴはありますか）
そして標準的な答え方は、Yes, there are. No, there aren't.

● ただし、my book / the book というように　特定のものは主役の位置から動きません。つまり、There is my book on the desk. ではなく、
　　My book is on the desk.　　　　（私の本は机の上にある）

● もちろんWH疑問も使えます。
　　How many students are there?　　　　（何人の学生がいますか）

● また「ここ」を表す here を使った表現もあります。
　　Here is a dog.　　　　　　　　　　　　（ここに犬がいる）

英文イメージトレーニング15　この形の英文を言えるようにしよう！

（1）3本のペンがあります。　　　　　_____ are _____ .

（2）その机の上に電話があります。　　_____ is _____ on _____ .

（3）多くの人がいますか。　　　　　　Are _____ ?

（4）学生は一人もいません。　　　　　_____ aren't _____ .

（5）何枚のCDがありますか　　　　　How many _____ ?

（6）ここにひとりの少女がいます。　　_____ is _____ .

この文型は、通常のものと異なるためなじみにくい面があるかもしれません。その時は不自然な日本語で「ある2冊の本・机の上」などと言って、まずはこの語順に慣れましょう。

(1) There are three pens.　　(2) There is a phone on the desk.
(3) Are there many people?　(4) There aren't any students.
(5) How many CDs are there?　(6) Here is a girl.

文法を使ってみよう！　　　　　　　　　CD 15

● **CHECK ONE**：下の英文が理解できるか **Check**！

☐1　There is a problem.

☐2　There are two cats under the chair.

☐3　Are there any questions?

☐4　How many apples are there in the bag?

☐5　About ten.

☐6　There are four in my family.

☐7　There are a few mistakes.

☐8　There are few mistakes.

☐9　Here is a present for you.

☐10　Here you are.

(7) a few「少し」（数えられないものは a little）
(8) few「ほとんどない」（数えられないものは little）
(10) 慣用表現。気楽に Here you go. とも言える

● **CHECK THREE**：文法ポイントを身につけたか　最終**Check**！

一方を選んで再確認

☐1　There (is・are) some water.

☐2　There (is・are) two books.

☐3　There is (a・the) pen.

☐4　Here (is a cat・a cat is)

● **CHECK TWO**：←下の日本文を英文にできるか **Check**！

中学編 2 ─ 動詞が1個(2)・時間を移動する

☐1　問題があります。

☐2　そのイスの下に2匹の猫がいる。

☐3　何か質問はありますか。

☐4　その袋の中にはリンゴが何個入ってますか。

☐5　10個ぐらいです。

☐6　私の家族は4人です。

☐7　2、3間違いがあります。

☐8　間違いはほとんどありません。

☐9　ここに君へのプレゼントがあります。

☐10　はい、どうぞ。（ものを手渡す時）

1　is：　　　　　数えられないものは単数扱い。
2　are：　　　　複数のものについては there are という形になる。
3　a：　　　　　there is は不特定なものを表す。
4　is a cat：　　「ここにある」は here is.

UNIT 16　命令文

　　　　　　　　　　　　　　　　　　　指示を与えてみよう！

> Eat this.（これを食べなさい）

● 命令する時は、主語を置かず動詞からはじめます。
　　Wash your hands.　　　　　　　　　（手を洗いなさい）
　　Clean your room.　　　　　　　　　（部屋の掃除をしなさい）
　　主語がない状態ですから、単数・複数の影響を受けることもなく、常に原形です。

● is kind のように be動詞を使う文では、その名が表すように、原形 be を使います。
　　Be kind to other people.　　　　　　（他人に親切にしなさい）

● 下のような単語をつけ加えることがよくあります。

禁じる時は、	Don't smoke in this room.	
	（この部屋でタバコを吸わないように）	
	Don't be noisy.	（うるさくしないで）
頼む時は、	Please help me.（または、Help me, please.）	
	（どうか私を助けてください）	
誘う時は、	Let's play baseball.	（野球をしましょう）

　最後の Let's については、よくこう返します。
　　Yes, let's. / No, let's not.　　　　（そうしよう / やめておこう）

● また軽く勧めるときは、下のような形もあります。
　　Why don't you call her?　　　　　（彼女に電話してみたら）

英文イメージトレーニング16　この形の英文を言えるようにしよう！

（1）起きなさい。　　　　　　　　Wake ＿＿＿＿＿＿＿ .

（2）これを食べてはいけません。　Don't ＿＿＿＿＿＿＿ .

（3）静かにしなさい。　　　　　　Be ＿＿＿＿＿＿＿ .

（4）ゆっくり話してください。　　Please ＿＿＿＿＿＿＿ .

（5）窓を開けてください。　　　　＿＿＿＿＿＿＿ , please.

（6）外へ出ましょう。　　　　　　Let's ＿＿＿＿＿＿＿ .

単純な形ですが、Please、Let's、Don't と組み合わせるといろいろ表現できます。動詞は常に原形となることを忘れないようにしましょう。特に be動詞は be となることに注意。

---

(1) Wake up.　　　　　　　　(2) Don't eat this.
(3) Be quiet.　　　　　　　　(4) Please speak slowly.
(5) Open the window, please.　(6) Let's go outside.

文法を使ってみよう！　　　　　　　　　　CD 16

● **CHECK ONE**：下の英文が理解できるか **Check**！

☐1　Have a good time.

☐2　Be kind to old people.

☐3　Don't worry.

☐4　Please have a seat.

☐5　Let's take a break.

☐6　Please take your time.

☐7　Don't be late for school.

☐8　Why don't you try this?

☐9　Let's go fishing together.

☐10　Go ahead.

(1) Have fun も同じ意味　　(5) break「休憩」
(10) 相手に何かを促す時に用いる

● **CHECK THREE**：文法ポイントを身につけたか　最終**Check**！

一方を選んで再確認

☐1　(Washes・Wash) the car.
☐2　(Is・Be) kind.
☐3　(Not・Don't) run.
☐4　(Let・Let's) go.

● CHECK TWO：←下の日本文を英文にできるか Check！

□1　楽しんできなさい。

□2　高齢者には優しくしなさい。

□3　心配いりません。

□4　座ってください。

□5　休憩をとりましょう。

□6　どうぞ時間をかけてください。

□7　学校に遅れないように。

□8　これを試してみてはどうですか。

□9　一緒に魚釣りに行きましょう。

□10　さあ、どうぞ。

1　Wash：　　動詞の原形で命令する。
2　Be：　　　be 動詞の原形は be。
3　Don't：　　禁止は Don't ではじめる。
4　Let's：　　誘う単語は、Let's。

UNIT 17 助動詞

未来を語ってみよう！

I will call him.（私が彼に電話しよう）

● まだ起こっていない動作には、可能性の意味を加える助動詞が必要です。助動詞は動詞の前に置きます。そして動詞は原形です。
　　I will go to Korea next week.　　（私は、来週韓国に行きます）
　　She will be back soon.　　（彼女はすぐに戻ってきます）
　これで、早くも未来形ができました。

● 実は、一般動詞の否定や疑問を作る時の do も助動詞のひとつでした。ということは、助動詞を用いた文の形の学習はすでに終わっていることになります。
　　I do not（don't）play the violin.　　Do you play the violin?
　　　　　　　　　　　　　　　　　　　　　　　Yes, I do. No, I don't.
　　I will not（won't）play the violin.　Will you play the violin?
　　　　　　　　　　　　　　　　　　　　　　　Yes, I will. No, I won't.

● 後は、可能性の大小を伝えるそれぞれの助動詞の意味を知るだけです。

will つもり、だろう	must しなければならない、違いない
can できる	may してもよい、かもしれない
should すべき	shall しましょう

● shall が使われるのは、一般に以下のような疑問文です。

  Shall I open the window?　　　　　（窓を開けましょうか）
   Yes, please. / No, thank you.　（お願いします / 結構です）
  Shall we go to the park?　　　　　（その公園に行きましょうか）
   Yes, let's. / No, let's not.　（そうしましょう / やめましょう）

英文イメージトレーニング17　この形の英文を言えるようにしよう！

（1）君はここで働くべきだ。　　　　　_____ should work _____ .

（2）私は中国語を話せない。　　　　　_____ can't speak _____ .

（3）君はこれを買うつもりですか。　Will _____ buy _____ ?

（4）その皿を洗いましょうか。　　　Shall _____ wash _____ ?

（5）君は戻ってこなくてはならない　_____ must come _____ .

（6）彼女は彼と結婚しない。　　　　_____ won't marry _____ .

助動詞をつけ加えることで、未来のことや不確実なことが表現できるようになりました。また人に何かを依頼する時にも、この助動詞を使います。

（1）You should work here.　（2）I can't speak Chinese.
（3）Will you buy this?　　（4）Shall I wash the dishes?
（5）You must come back.　（6）She won't marry him.

文法を使ってみよう！　　　　　　　　　　　CD 17

● **CHECK ONE**：下の英文が理解できるか **Check**！

☐1　I can't believe this.

☐2　Will you help me?

☐3　Of course, I will.

☐4　May I try this on?

☐5　I'll take this one.　　　　　　　　　　　(I will)

☐6　I won't do this again.

☐7　What time shall I call you?

☐8　Any time.

☐9　I must work till ten.

☐10　She will be here by five.

(2) 相手に依頼するとき、Will you や Would you　(3) of course「もちろん」
(8) 肯定文での any「どんな」　(9) till「まで」　(10) by「までに」

● **CHECK THREE**：文法ポイントを身につけたか　最終**Check**！

一方を選んで再確認

☐1　She will (be・is) here.

☐2　(Will・Shall) I close the door?

☐3　You (must not・not must) go there.

☐4　Where (you will・will you) go?

● CHECK TWO：←下の日本文を英文にできるか Check！

中学編 2 ― 動詞が 1 個 (2)・時間を移動する

☐1　これは信じられない。

☐2　手助けしてくれますか。

☐3　もちろん、そうします。

☐4　これを試着してもよいですか。

☐5　これをもらいます。（買い物で）

☐6　二度とこんなことはしません。

☐7　何時に電話しましょうか。

☐8　いつでも。

☐9　私は10時まで働かなくてはならない。

☐10　彼女は5時までには、ここに来る。

1　be：　　　　助動詞をつけた動詞は原形。
2　Shall：　　 提案は、Shall I。
3　must not：　否定は、助動詞＋not。
4　will you：　疑問詞の後は疑問文語順にする。

UNIT 18 　過去形：一般動詞

　　　　　　　　　　　　　　　　　　　過去を語ってみよう！

> I visited China. （私は中国を訪れた）

● 日本語では「〜した」ですが、英語では動詞の後ろに ed をつけます。
　　I played basketball. 　　　　　（私はバスケットボールをした）

● まずは、Good news。
　現在形では主語が単数の時に動詞に s をつけました（He plays）。
　過去形ではそうした区別がありません。 簡単になりました。

● しかし、残念ながら、Bad news もあります。
　動詞には、ed をつけるだけで過去形になってくれる動詞（規則動詞）以外に、自分流に過去形をつくる動詞（不規則動詞）があります。代表的なものを記しておきますが、詳しくは中学編最終ページを参照してください。

> have - had （持つ）　　go - went （行く）　　come - came （来る）
> make - made （作る）　 eat - ate （食べる）　 speak - spoke （話す）
> give - gave （与える）　know - knew （知る）　see - saw （見る）

　　She speaks French. 　　　　　（彼女はフランス語を話す）
　　She spoke French. 　　　　　 （彼女はフランス語を話した）

● ed のつけ方について。
　最後が e で終わっているものは d だけ追加。　like - liked
　「子音字 + y」は、y を i にして ed。　　　　 study - studied

英文イメージトレーニング18　この形の英文を言えるようにしよう！

（1）私はそのパーティーを楽しんだ。　　＿＿＿＿ enjoyed ＿＿＿＿．

（2）彼女はフランス語を勉強した。　　　＿＿＿＿ studied ＿＿＿＿．

（3）私達は夕食後にテレビを見た。　　　＿＿＿＿ watched ＿＿＿＿．

（4）彼は彼女を知っていた。　　　　　　＿＿＿＿ knew ＿＿＿＿．

（5）彼女は人形を作った。　　　　　　　＿＿＿＿ made ＿＿＿＿．

（6）私は昼食を1時にとった。　　　　　＿＿＿＿ had ＿＿＿＿．

重要な項目ほどルールが細かく作られています。
不規則動詞も例外ではなく、よく用いられる動詞ばかりです。
そのため目に触れやすく、いつの間にか覚えてしまうものも多いと思います。

（1）I enjoyed the party.　　　　　　（2）She studied French.
（3）We watched TV after dinner.　　（4）He knew her.
（5）She made a doll.　　　　　　　（6）I had lunch at one.

中学編2 — 動詞が1個(2)・時間を移動する

文法を使ってみよう！　　　　　　　　CD 18

● **CHECK ONE**：下の英文が理解できるか **Check**！

☐1　I answered the phone.

☐2　I changed trains at Shibuya.

☐3　He made many friends in America.

☐4　She came to Japan three days ago.

☐5　We had a wonderful time.

☐6　We ate sushi for dinner.

☐7　I took a walk yesterday.

☐8　My father got home very late.

☐9　I met him at the station.

☐10　She bought a very expensive watch.

(4) 〜 ago「〜前」　(10) expensive「高価な」
原形：(7) take　(8) get　(9) meet　(10) buy

● **CHECK THREE**：文法ポイントを身につけたか　最終**Check**！

一方を選んで再確認

☐1　He (visited・visiteds) Osaka.
☐2　She (likeed・liked) the bag.
☐3　He (plaied・played) baseball.
☐4　I (goed・went) to school.

● **CHECK TWO**：←下の日本文を英文にできるか **Check**！

□1　私がその電話に出た。

□2　私は渋谷で電車を乗り換えた。

□3　彼はアメリカでたくさんの友人を作った。

□4　彼女は3日前に日本に来た。

□5　私達は素晴らしい時間を過ごした。

□6　私達は夕食に 寿司を食べた。

□7　昨日散歩した。

□8　私の父はとても遅く帰宅した。

□9　私は駅で彼に会った。

□10　彼女はとても高価な時計を買った。

---

1 visited： 過去形は動詞に s をつけない。
2 liked： 最後が e で終わる時は d をつけるだけ。
3 played： 子音字+y でなく、母音字(a) + y なので ed だけ。
4 went： go は不規則変化の動詞。

　　　　　　※これら4問の誤った選択肢は存在しないつづりです

UNIT 19 | 過去形：一般動詞：否定・疑問

過去を否定してみよう！

> I didn't eat breakfast.（私は朝食を食べなかった）

● 現在形で do / does を使って、否定文や、疑問文を作りました。
過去形ではそれらを did に 変えるだけです。
主語による区別もなくなったので、これ1種類で大丈夫なのです。
そして、それに続く動詞は、やはり原形です。

● She went to the library.　　　　　　（彼女は図書館へ行った）
これを否定や疑問にすると

> 否定文：She didn't go to the library.
> 　　　　（彼女は図書館へ行かなかった）
> 疑問文：Did she go to the library?
> 　　　　（彼女は図書館へ行ったのか）
> 　　　　一般的な答え方は、Yes, she did. No, she didn't.

● WH疑問文についても、do / does を did に変えるだけです。
　　Where did she go?　　　　（彼女はどこへ行ったのですか）
　　She went to the station.　　　　（彼女は駅へ行った）

　　How many apples did you buy?（君はリンゴを何個買ったの？）
　　I bought five apples.　　　　（5個リンゴを買った）

　　When did he come back?　　　（彼はいつ戻ってきましたか）
　　He came back last Friday.　　（先週の金曜日に戻ってきました）

英文イメージトレーニング19　この形の英文を言えるようにしよう！

(1) 私はそこへ行かなかった。　　　　＿＿＿＿ didn't go ＿＿＿＿ .

(2) 彼女はその作家を知らなかった。　＿＿＿＿ didn't know ＿＿＿＿ .

(3) 君はバスに乗りましたか。　　　　Did you ＿＿＿＿＿＿＿＿ ?

(4) 君はそのコンサートを楽しみましたか。

　　　　　　　　　　　　　　　　　Did you ＿＿＿＿＿＿＿＿ ?

(5) 何時に彼に電話したのですか。　　What time ＿＿＿＿＿＿＿＿ ?

(6) 君は昨日どこへ行ったのですか。　Where did ＿＿＿＿＿＿＿＿ ?

---

did の後ろの動詞は原形です。 didn't liked あるいは、Did you played のように過去の形を2回作らないようにしましょう。

---

(1) I didn't go there.　　　　　　(2) She didn't know the writer.
(3) Did you take a bus?　　　　　(4) Did you enjoy the concert?
(5) What time did you call him?　(6) Where did you go yesterday?

文法を使ってみよう！　　　　　　　　　　　　　CD 19

● **CHECK ONE**：下の英文が理解できるか **Check**！

☐1　I didn't mean it.

☐2　Did you have a test yesterday?

☐3　No, we didn't.

☐4　 He ate nothing yesterday.

☐5　How many books did you buy?

☐6　I bought three books.

☐7　How did you like San Francisco ?

☐8　I loved it.

☐9　Who said such a thing?

☐10　My mother did.

(1) mean「意味する、意図する」　(4) nothing「何もない」
(7) 感想を尋ねる時は、How do you like〜?
(9)疑問詞が主語の時は、通常の語順　　(10)この did は said の意味

● **CHECK THREE**：文法ポイントを身につけたか　最終**Check**！

一方を選んで再確認

☐1　I (don't played・didn't play) the guitar.

☐2　Did she (come・came) here?

☐3　Why (did you・you) buy it?

☐4　Who (did make・made) the desk?

● **CHECK TWO**：←下の日本文を英文にできるか **Check**！

☐1　そんなつもりではなかった。

☐2　君達は昨日テストがあったのですか。

☐3　いいえ、ありませんでした。

☐4　彼は昨日何も食べなかった。

☐5　何冊本を買いましたか。

☐6　3冊買いました。

☐7　サンフランシスコはどうでした。

☐8　大変気に入りました。

☐9　誰がそんなことを言ったのですか。

☐10　私の母です。

---

1 didn't play：　　一般動詞過去形の否定は didn't ＋原形。
2 come：　　　　Did を使ったら、その後の動詞は原形。
3 did you：　　　疑問詞の後は疑問文語順。
4 made：　　　　ただし、疑問詞が主語の時は通常の語順。

UNIT 20 過去形：be動詞

「楽しかった」と言ってみよう！

I was happy.（私は楽しかった）

● be 動詞が導入された話を思い出してください（UNIT 10）。
I・happy で意味は伝わる、しかし時間に反応する単語がないので、be 動詞を導入する、ということでした。
言い換えると、I・happy では過去形が作れなかったということです。そこで be 動詞を必要としたわけです。

● 一般動詞では、play / plays が played に、そして do / does が did になりました。be 動詞でも単純化され、3種類が2種類に変わります。

is、am → was （単数、I）　　are → were （複数、You）

● 他は、否定、疑問共に、現在形の時と何ら変わりはありません。
She was not（wasn't）a student.　（彼女は学生ではなかった）
Were you free yesterday?　　　　（君は昨日、暇だったのか）
　Yes, I was. No, I wasn't.　　　　　　　　（はい / いいえ）

● これで、一般動詞、be動詞の3時制が出揃いました。並べてみましょう。

	現在		過去		未来
一般動詞：	play / plays	→	played	→	will play
be動詞：	are / am / is	→	were / was	→	will be

現在→過去→未来へと形が単純化していくところに注目してください。

また、各々の否定、疑問の形はいかがでしょうか。少しでも怪しいところがあれば、前のユニットに戻って確認しておきましょう。

英文イメージトレーニング20　この形の英文を言えるようにしよう！

（1）彼は悲しかった。　　　　　　　　＿＿＿＿＿ was ＿＿＿＿＿.

（2）彼らは若かった。　　　　　　　　＿＿＿＿＿ were ＿＿＿＿＿.

（3）彼女はその時ここにいなかった。　＿＿＿ wasn't ＿＿＿ at ＿＿＿.

（4）君は昨日、暇だったのですか。　　Were ＿＿＿＿＿＿＿＿＿？

（5）そのテストは簡単でしたか。　　　Was ＿＿＿＿＿＿＿＿＿？

（6）君は昨夜どこにいたのですか。　　Where ＿＿＿＿＿＿＿＿＿？

I play tennis の過去形を I was play tennis. とするのはよくある間違いです。正しくは、I played tennis.
ここでしっかり確認しておきましょう。過去形は動詞の形を変えるだけです。単語の数が増えることはありません。

（1）He was sad.　　　　　　　（2）They were young.
（3）She wasn't here at that time.　（4）Were you free yesterday?
（5）Was the test easy?　　　　（6）Where were you last night?

中学編 2　動詞が1個(2)・時間を移動する

文法を使ってみよう！　　　　　　　　CD 20

● **CHECK ONE**：下の英文が理解できるか **Check**！

☐1　I was born in Kyushu.

☐2　 We were lucky.

☐3　Were you with her at that time?

☐4　It wasn't very cold this morning.

☐5　How many students were there?

☐6　There were ten students.

☐7　The view was really great.

☐8　It was like a dream.

☐9　How was the movie?

☐10　It wasn't interesting at all.

(3) at that time「その時」　(= then)　(7) view「眺め」
(8) like 前置詞「ような」　(10) not‐at all「全く～でない」

● **CHECK THREE**：文法ポイントを身につけたか　最終**Check**！

一方を選んで再確認
☐1　I (not was・was not) hungry.
☐2　(Was・Were) you busy?
☐3　Where (he was・was he)?
☐4　I (was play・played) the violin.

● **CHECK TWO**：←下の日本文を英文にできるか **Check**！

□1 　私は九州で生まれた。

□2 　私達は幸運でした。

□3 　君は彼女とその時一緒だったのですか。

□4 　今朝あまり寒くなかった。

□5 　何人の学生がいましたか。

□6 　10人の学生がいました。

□7 　その眺めは本当に素晴らしかった。

□8 　それは夢のようでした。

□9 　その映画はどうでした。

□10　全く面白くなかった。

---

1 was not： 　be動詞の否定は be 動詞 + not。
2 Were： 　Are の過去形は Were。
3 was he： 　疑問詞の後は疑問文語順にする。
4 played： 　was play では動詞が2個になってしまう。

中学編 2 ― 動詞が1個(2)・時間を移動する

UNIT 21 動詞の右に2つの要素

人に何かを渡してみよう！

> I gave him a present.（私は彼にプレゼントを与えた）
> We call him Ken.（私達は彼をケンと呼ぶ）

● 通常、動詞の後に置く文の要素は、修飾語を別にすれば1つですが、時折、2つ置くことがあります。そして、それには2つのパターンがあります。

● 最初のパターンは、上の例文にあるような何かを渡す行為です。
その時「物」だけでなく、必ず「相手」も登場するということで、それら2つを並べる形です。語順は「〜に…を」です。
こうした動詞は、他に、
　　show（見せる）　teach（教える）　tell（言う）
　　send（送る）　make（作る）　buy（買う）などがあります。

● もっとも、これらは前置詞を使う基本形でも表現できます。
　　I gave a present to him.　　（私は、彼にプレゼントを与えた）
　　（make や buy では、物が相手に近づくわけではないので to ではなく for を使います）

● もう1つのパターンは、

> 　　He made her happy.　　　　（彼は、彼女を幸せにした）

これは、(she is happy)のように追加する2つの単語が be動詞つながりになるものです。

● こうした動詞は、他に、
　call（呼ぶ）　keep（保つ）　find（気づく）などがあります。
　We call her Mary.（私達は彼女をメアリーと呼ぶ）
　ここにも（she is Mary）という関係があります。

英文イメージトレーニング21　この形の英文を言えるようにしよう！

（1）彼は彼女におもちゃを買ってあげた。　＿＿＿＿＿＿ bought ＿＿＿＿＿＿．

（2）彼は君に手紙を送るだろう。　　　　　＿＿＿＿＿＿ will send ＿＿＿＿＿＿．

（3）彼女は私達にその話をした。　　　　　＿＿＿＿＿＿ told ＿＿＿＿＿＿．

（4）彼女は私達に英語を教えた。　　　　　＿＿＿＿ taught ＿＿＿＿ to ＿＿＿＿．

（5）そのプレゼントは彼女を喜ばせた。　　＿＿＿＿＿＿ made ＿＿＿＿＿＿．

（6）私達はその本がとても簡単なことに気がついた。

　　　　　　　　　　　　　　　　　　　＿＿＿＿＿＿ found ＿＿＿＿＿＿．

> この2つの形は、SVOO、SVOCと呼ばれるものです（詳しくはUNIT 41参照）。これらは、上で紹介した動詞に伴う特殊な形と考えておけばよいでしょう。

....

（1）He bought her a toy.　　　　（2）He will send you a letter.
（3）She told us the story.　　　　（4）She taught English to us.
（5）The present made her happy.　（6）We found the book very easy.

文法を使ってみよう！　　　　　　　　　　　CD 21

● **CHECK ONE**：下の英文が理解できるか **Check**！

- ☐1　Can I ask you a question?
- ☐2　I will send you an e-mail tonight.
- ☐3　Would you tell me the way to the station?
- ☐4　I will give you a ride.
- ☐5　Please give me a call.
- ☐6　Would you do me a favor?
- ☐7　The news will make her sad.
- ☐8　Leave me alone.
- ☐9　Keep yourself warm.
- ☐10　How can I make him happy?

(1)～(6)「～に…を」パターン　(7)～(10)「be 動詞つながり」パターン
(4) give a ride「車に乗せる」　(5) give a call「電話する」　(6) favor 好意的なこと

● **CHECK THREE**：文法ポイントを身につけたか　最終**Check**！

一方を選んで再確認

- ☐1　I give (money him ・ him money).
- ☐2　I sent a gift (to ・ at) my mother.
- ☐3　The news made (him sad ・ sad him).
- ☐4　I will make her (happy ・ happily)

● CHECK TWO：←下の日本文を英文にできるか Check！

□1　君にひとつ質問してもよいですか。

□2　今夜あなたにEメールを送ります。

□3　駅への道を教えてくれますか。

□4　君を車に乗せてあげましょう。

□5　私に電話してください。

□6　君に頼みたいことがあるのだが。

□7　その知らせは彼女を悲しませるだろう。

□8　私のことは放っておいてくれ。

□9　暖かくしておきなさい。

□10　どうすれば彼を幸せにできるだろうか。

---

1 him money： 「～に…を」の順。
2 to： 送り先に用いる前置詞は to。
3 him sad： he (is) sad の順序にする。
4 happy： is でつながる形 （she is happy）。happily「幸せに」。

UNIT 22 比較：er / est

いろいろ比べてみよう！

> She is taller than me.（彼女は私より背が高いです）

● 英語の主要4品詞は以下のとおりです。

名詞	動詞
形容詞 ↑	副詞

（↑）は名詞修飾を表しています。
（副詞は名詞以外の修飾です）

● それぞれの変形を考えてみましょう。
（1） 名詞は複数の時に s をつけました。
（2） 動詞は、過去形の時に ed をつけました。
（3） そして今回は、残った形容詞(そして副詞)の変形です。

● er で「もっと」、est で「一番」という意味が加わります。

  fast   faster   fastest
 （速い） （もっと速い：比較級） （一番速い：最上級）

> I am as tall as him.　　　　　　　（彼と同じ背の高さです）
> I am taller than him.　　　　　　 （私は彼より背が高いです）
> I am the tallest in my class.（私は私のクラスの中で一番背が高いです）

as – as「〜と同じ」、than「〜よりも」、最上級に the をつける

● また good（well）/ better / best という特殊なものもよく使われます。
  I like coffee better than tea.　（紅茶よりコーヒーがより好きです）
  I like soccer (the) best.　　　　（私はサッカーが一番好きです）
  ＊動詞を修飾する(副詞の)場合、the をよく省略します。

● 最後に比較級 / 最上級の作り方の注意。
　子音字＋ y：（y を i に変える）　　busy → busier / busiest
　短母音＋子音字：最後の子音字を重ねる　big → bigger / biggest

英文イメージトレーニング22　この形の英文を言えるようにしよう！

（1）私は君と同じ年齢です。　　　　＿＿＿＿ am ＿＿＿＿ as ＿＿＿＿．

（2）彼は彼女より若い。　　　　＿＿＿＿ is ＿＿＿＿ than ＿＿＿＿．

（3）彼女はそのクラスで一番速く走ることができる。

　　　　　　　　　　　　　　　＿＿＿＿ can ＿＿＿＿ in ＿＿＿＿．

（4）彼女がその3人のうちで一番年上だ。

　　　　　　　　　　　　　　　＿＿＿＿ is ＿＿＿＿ of ＿＿＿＿．

（5）私は猫より犬が好きです。　　＿＿＿＿ like ＿＿＿＿ than ＿＿＿＿．

（6）私は夏が一番好きです。　　　＿＿＿＿ like ＿＿＿＿．

「その3人のうちで」と言う時は、追加情報の部分が、of the three になります。この of は、one of the three（3人のうちのひとり）の of です。in を使う時は in Japan のように範囲をイメージする時です。

（1）I'm as old as you.　　　　　（2）He is younger than her.
（3）She can run fastest in the class.　（4）She is the oldest of the three.
（5）I like dogs better than cats.　　（6）I like summer best.

文法を使ってみよう！　　　　　　　　CD 22

● **CHECK ONE** : 下の英文が理解できるか **Check** ！

- ☐1　She is as old as you.
- ☐2　I'm not as tall as him.
- ☐3　This pizza is three times as large as that one.
- ☐4　I will study as hard as I can.
- ☐5　My wife is three years younger than me.
- ☐6　Do you have a bigger one?
- ☐7　Which do you like better, coffee or tea?
- ☐8　Tokyo is the largest city in Japan.
- ☐9　Which TV program do you like best?
- ☐10　He is the youngest of the five.

(2) not as−as「〜ほど‐ではない」　(3) times as−as「倍」
(4) as−as can「できるだけ」　　　(6) one「(同種類の)もの」

● **CHECK THREE** : 文法ポイントを身につけたか　最終**Check**！

一方を選んで再確認
- ☐1　I am (older・as old) as she.
- ☐2　She is (youngest・the youngest) in my family.
- ☐3　I'm the tallest (of・in) the four.
- ☐4　I like black (better・best) than white.

● **CHECK TWO**：←下の日本文を英文にできるか **Check**！

☐1 彼女は君と同じ年齢です。

☐2 私は彼ほど背が高くない。

☐3 このピザはあのピザの3倍の大きさだ。

☐4 できるだけ一生懸命勉強するつもりだ。

☐5 私の妻は私より3歳年下です。

☐6 もっと大きいものがありますか。

☐7 コーヒーと紅茶、どちらがより好きですか。

☐8 東京は日本最大の都市だ。

☐9 どのテレビ番組が一番好きですか。

☐10 彼はその5人のうちで一番年下だ。

---

1 as old： as – as で、「同じくらい」。
2 the youngest： 最上級には the をつける。
3 of： 「～人のうちで」の時は of。
4 better： than「よりも」があるので比較級。

UNIT 23 比較：more / most・感嘆文

長い単語で比べてみよう！

> This flower is the most beautiful. (この花が、一番美しい)

● 単語が長くなってくると、er / est をつけてさらに単語を長くする代わりに、more / most という単語を利用して、比較級・最上級を作ります。

　　This movie is more interesting than that one.
　　　　　　　　　　　(この映画は、あの映画より面白い)
　　She is the most popular singer in Japan.
　　　　　　　　(彼女は日本で一番人気のある歌手です)

● 前回と今回、「もっと大きい」「一番大きい」と言ってきました。
最後に「なんて大きい」と言ってみることにしましょう。
これは感嘆文といいますが、こんなふうに使います。

| A：なんて大きな犬　　(何・大きい犬)　　→　What a big dog! |
| B：なんて大きい　　　(どれほど・大きい)　→　How big! |

日本語で「何これ！」と疑問詞を使って驚くのと同じ感覚です。
驚きを疑問詞で表しているだけなので、？ではなく！を使います。
驚いた内容に名詞（ここでは犬）を含めば what、含めなければ how
を選択します。この後に主語、動詞を続けることもできます。

　　What a nice car you have!　　(なんてよい車を持っているんだ)
　　How beautiful it is!　　　　　(それはなんて美しいんだ)

英文イメージトレーニング23　この形の英文を言えるようにしよう！

(1) これはあれより難しい。　　　　　_____ is _____ than _____ .
(2) どちらがより人気がありますか。　Which is _____?
(3) これが、すべてのうちで一番重要だ。_____ is _____ of _____ .
(4) その4人の中で誰が一番年上ですか。Who is _____ of _____?
(5) なんて小さな猫。　　　　　　　　What _____!
(6) それは、なんてかわいい。　　　　How _____!

> more / most を使う目安は、一単語の中で母音が3カ所以上あるような単語です。　例：beautiful → beau・ti・ful
> 次ページでは Part 2 の他の UNIT の内容も含めた総復習を行いましょう。

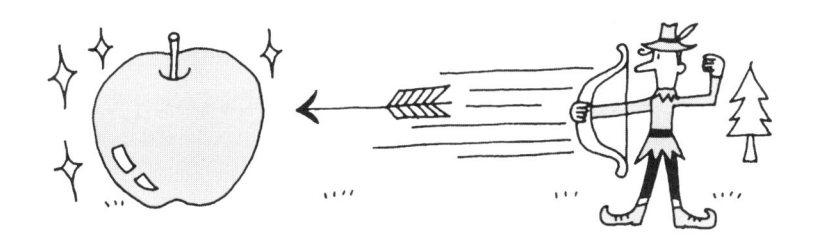

中学編 2 ― 動詞が1個 (2)・時間を移動する

----

(1) This is more difficult than that.　(2) Which is more popular?
(3) This is the most important of all.
(4) Who is the oldest of the four?
(5) What a small cat!　(6) How cute it is!

文法を使ってみよう！   CD 23

● **CHECK ONE**：下の英文が理解できるか **Check**！

- [ ] 1　This camera is more expensive than that one.
- [ ] 2　She is much more beautiful than me.
- [ ] 3　Which question is the most difficult?
- [ ] 4　What a good boy!
- [ ] 5　How easy this is!
- [ ] 6　What time is it now in London?
- [ ] 7　I will show you another one.
- [ ] 8　Don't do this again.
- [ ] 9　What did you eat for breakfast?
- [ ] 10　Were there many mistakes?

(2) much: 比較の強調　(7) another「別の」

● **CHECK THREE**：文法ポイントを身につけたか　最終**Check**！

一方を選んで再確認
- [ ] 1　It is（more small・smaller）than this.
- [ ] 2　This is（difficult・more difficult）than that.
- [ ] 3　It is（the most・most）beautiful of all.
- [ ] 4　（What・How）kind he is!

● **CHECK TWO**：←下の日本文を英文にできるか **Check**！

☐1 このカメラはあのカメラより高価です。

☐2 彼女の方が私よりずっと美しい。

☐3 どの質問が一番難しいですか。

☐4 なんてよい少年なんだ。

☐5 これはなんて簡単なんだ。

☐6 今ロンドンは何時ですか。

☐7 あなたに別のものを見せましょう。

☐8 こんなことは二度とするな。

☐9 朝食に何を食べましたか。

☐10 たくさん間違いがありましたか。

---

1 smaller： 短い単語は最後に er をつけて比較級。
2 more difficult： 長い単語は more で比較級。
3 the most： 最上級には the をつける。
4 How： 驚いた内容に名詞を含まなければ How。

Part 2 (14)〜(23) SELF-CHECK

<u>I</u>　<u>eat</u>　<u>dinner</u>　<u>at seven</u>．
① 　② 　③ 　　④

<u>話題となっている基本形の位置</u>

- ☐ (14)　It を使って時間を言える。　　　　　　　　　　　①
- ☐ (15)　There を使って「ある」という文を作ることができる。　①
- ☐ (16)　人に命令することができる。　　　　　　　　　　②
- ☐ (17)　助動詞を使って未来形などを作ることができる。　　②
- ☐ (18)　一般動詞の過去形を作ることができる。　　　　　②
- ☐ (19)　否定で didn't、疑問で Did you を使うことができる。　②
- ☐ (20)　was / were で be動詞の過去形を作ることができる。　②
- ☐ (21)　give などの後に要素を2つ加えることができる。　　③
- ☐ (22)　比較級、最上級を使うことができる。　　　　　　③
- ☐ (23)　more / most で比較できる。感嘆文を作ることができる。③

Part 2で、過去、未来の形を学びました。

Part 3では、いよいよ動詞を追加してみましょう。

中学編

Part 3

動詞が1.5個：
準動詞アプローチ

UNIT 24 不定詞(1)・動名詞(1)

準動詞で主語を作ってみよう！

> to play soccer （サッカーをすること）
> playing soccer （サッカーをすること）

● 「英語は面白い」を英語で言ってみると、English is fun. これは、Part 1で扱いました。今回は「英語は面白い」ではなく、「英語を話すことは面白い」と言ってみます。主語の位置に動詞（speak）を入れようとする大胆な話です。もちろん、そのまま入れると文法間違いです。動詞が2個になってしまいます。

● そこで、どういう方法をとるかというと、speak に動詞をやめさせます。言い換えると、準動詞と呼ばれるものにします。準動詞は3種類あります。後で混乱しないよう最初にまとめて紹介しておきます。

形	基本イメージ	あてはまる日本語訳	文法上の名称
to~	未来	～こと、～ため	不定詞
-ing	進行	～こと、～している	動名詞（こと） 現在分詞（している）
-en	受身	～される	過去分詞

● 今は、日本語訳の「～こと」というところだけを見てください。それがあるのは、to～ と -ing です。こうすれば speak が主語で使えます。

  To speak English is fun.   （英語を話すことは面白い）
   （Speaking）

● また動詞の左側が長くなるのを避けるために、形だけの it を主語の位置に置き、To speak を後ろに置くことがよくあります。この it は形式主語と呼ばれています。

It is fun to speak English. 　　　　（英語を話すことは面白い）

「私にとって」を加えると

It is fun for me to speak English.

英文イメージトレーニング24　この形の英文を言えるようにしよう！

(1) 泳ぐことは簡単だ。　　　　　　To _____ is _____ .

(2) 泳ぐことは私には簡単だ。　　　_____-ing is _____ for _____ .

(3) テレビを見ることは面白い。　　_____-ing_____ is _____ .

(4) テレビを見ることは面白い。　　To _____ is _____ .

(5) テレビを見ることは面白い。　　It is _____ to _____ .

(6) 私にとってテレビを見ることは面白い。

　　　　　　　　　　　　　　　　It is ____ for ____ to _____ .

> 準優勝が優勝していないことを表しているように、準動詞も動詞ではありません。つまり pen や big のように時間によって形を変えることがない単語です。

中学編 3 ― 動詞が1.5個・準動詞アプローチ

....

(1) To swim is easy.　　(2) Swimming is easy for me.
(3) Watching TV is fun.　(4) To watch TV is fun.
(5) It is fun to watch TV.　(6) It is fun for me to watch TV.

文法を使ってみよう！

● **CHECK ONE**：下の英文が理解できるか **Check**！

☐1　To speak Chinese is fun.

☐2　To sing the song was difficult.

☐3　Seeing is believing.

☐4　Playing golf is very popular in Japan.

☐5　Smoking is bad for your health.

☐6　It's not easy to fix this machine.

☐7　It is a great thing to have many friends.

☐8　It usually takes one hour to get there.

☐9　It's not always nice to live in a big city.

☐10　Nice to meet you.

(1) から (5) まで to〜でも - ing でも OK
(6) fix「修理する」　(10) it is の省略

● **CHECK THREE**：文法ポイントを身につけたか　最終**Check**！

一方を選んで再確認

☐1　(Watch・Watching) TV is fun.
☐2　(To speak・Speak) Japanese is not difficult.
☐3　It is easy (send・to send) an e-mail.
☐4　It is important (for・to) you to read books.

● CHECK TWO：←下の日本文を英文にできるか Check！

- [ ] 1　中国語を話すことは面白い。
- [ ] 2　その歌を歌うのは難しかった。
- [ ] 3　見ればわかる（見ることは信じること）。
- [ ] 4　ゴルフをすることは、日本でとても人気がある。
- [ ] 5　喫煙は君の健康によくない。
- [ ] 6　この機械を修理するのは簡単ではない。
- [ ] 7　多くの友人を持つことは素晴らしいことだ。
- [ ] 8　そこに着くのに通常1時間かかる。
- [ ] 9　大都市に住むのは、いつもよいとは限らない。
- [ ] 10　はじめまして。

中学編 3 ― 動詞が 1・5 個・準動詞アプローチ

---

1 Watching： 　「見ること」は、to watch または watching。
2 To speak： 　「話すこと」は、to speak または speaking。
3 to send： 　　形式主語を用いた it - to～の形。
4 for： 　　　　形式主語を用いた it - for - to～の形。

UNIT 25 不定詞(2)

準動詞で目的語を作ってみよう！(1)

> I want to swim. (私は泳ぎたい)

● 「リンゴが欲しい」は、I want an apple. です。
この apple（目的語）の位置に動詞を入れてみます。
例えば swim（泳ぐ）。前回同様、すでに want がありますので swim を準動詞にして使う必要があります。前回の表の中から to〜 を選んで to swim にします。これで動詞ではなくなりました。

● 「〜すること」と意味では －ing という選択肢もありますが、ここでは使いません。というのも時間の流れを考えてみると、まず、want（願望）があり、それから先の行動として swim があるので未来イメージの to〜 が選ばれます。

　　　　　　　go to school　　　　　　　want to swim
　　　　　　　　→　　　　　　　　　　　　　→

上の矢印が、未来に通じる to〜のイメージをよく表しています。

● 以下の表現は、いずれも前向きな表現になっています。

```
want to do    〜したい
would like to do   〜したい(want to より控えめ)
need to do    〜する必要がある
```

　want、need は動詞、would は助動詞なのでそれに基づいて疑問や否定を作ります。
　　I don't want to eat anything　　　　　（何も食べたくない）
　　Would you like to dance?　　　　　　　（踊りたいですか）

● また次のように疑問詞と一緒に使うことができます。
  I don't know where to go.　（どこへ行けばよいかわからない）
  Do you know what to buy?　（何を買えばよいか知ってますか）
これらもやはり「これから行う」行為ですから、to～を選択します。

英文イメージトレーニング25　この形の英文を言えるようにしよう！

（1）私は彼を助けたい。　　　　　　　＿＿＿＿ want ＿＿＿＿．

（2）君はそれを終わらせる必要がある。＿＿＿＿ need ＿＿＿＿．

（3）私はコーヒーを飲みたい。　　　　＿＿＿＿ would like ＿＿＿＿．

（4）君は何を言いたいのか。　　　What ＿＿＿＿ want ＿＿＿＿？

（5）何をすればよいのかわかっている。＿＿＿＿ know what ＿＿＿＿．

（6）どうやって車を運転するのか知っている。

　　　　　　　　　　　　　　　　　＿＿＿＿ know how ＿＿＿＿．

---

want to を学ぶと、ものが欲しい時にも to をつけて I want to water. としがちです。しかし、この to は動詞をやめさせるためのものと考えると、ここで to が不要なことは明白です。I want water. が正しい形です。

（1）I want to help him.　　　　　（2）You need to finish it.
（3）I would like to drink coffee.　（4）What do you want to say?
（5）I know what to do.　　　　　（6）I know how to drive a car.

文法を使ってみよう！　　　　　　　　CD 25

● **CHECK ONE** : 下の英文が理解できるか **Check** ！

☐1　What do you want to be in the future?

☐2　I want to be an engineer.

☐3　She likes to talk on the phone.

☐4　We need to come back soon.

☐5　I want to quit my job.

☐6　I would like to go to Australia some day.

☐7　I don't know when to start.

☐8　Do you know how to use this machine?

☐9　She didn't know what to say.

☐10　I showed her which way to go.

(1) future「未来、将来」(5) quit「やめる」 (6) some day「いつか」
(10) which「どちらの」

● **CHECK THREE** : 文法ポイントを身につけたか　最終**Check**！

一方を選んで再確認

☐1　I want (to go・go) fishing.

☐2　I want (to an orange・an orange).

☐3　I know what (buying・to buy).

☐4　He needs to (be・is) here.

● **CHECK TWO**：←下の日本文を英文にできるか **Check**！

中学編3―動詞が1・5個・準動詞アプローチ

☐1　将来何になりたいですか。

☐2　エンジニアになりたい。

☐3　彼女は電話で話すのが好きだ。

☐4　私達はすぐに戻ってくる必要がある。

☐5　私は仕事をやめたい。

☐6　いつかオーストラリアに行きたい。

☐7　いつ出発するべきかわからない。

☐8　この機械の使い方を知っていますか。

☐9　彼女は何と言ってよいのかわからなかった。

☐10　私は彼女にどちらの道へ行くか示した。

1　to go：　　　　目的語は準動詞にしなければならない。
2　an orange：　　動詞を追加しないので to は不要。
3　to buy：　　　「これからの行為」なので to buy。
4　be：　　　　　to + 原形。

UNIT 26 動名詞（2）

準動詞で目的語を作ってみよう！（2）

> I enjoy swimming.（私は泳ぐことを楽しむ）

● 動詞を目的語として使う前回の続きです。今回は、-ing をつけて準動詞にします。まずひとつ質問に答えてみてください。
「水泳を楽しむ」と言った場合、
enjoy と swim つまり「楽しむ」と「泳ぐ」は、どちらが先ですか。

● 「泳ぐ」が先で、それから「楽しむ」ですね。つまり、swim は「これからの行為」ではなく、enjoy の時はすでに swim は進行しています。そこで enjoy to swim と言わず swimming という形になります（-ing の基本イメージは進行です）。

● このように、すでに動作が起こっているために –ing を目的語に置くものは、

> enjoy（楽しむ） stop（やめる） finish（終える）

　また、どちらでもよいという動詞もあります。
　　　like to do / doing（好き）　begin to do / doing（はじめる）

● さらに、be 動詞を使うと、次のように言うこともできます。
　My hobby is making dolls.（to make も可）
　　　　　　　　　　　　　　（私の趣味は人形を作ることです）
　　＊be 動詞でつないだものは目的語でなく補語と呼びます。
　　　　　　　　　　　　　　　　　（UNIT41参照）

● 最後に ing のつけ方です。基本的にはそのまま -ing。
　　　　y を i に変えません。　　　　　　　study → studying
　　ただし最後の e はとる。　　　　　　　　write → writing

英文イメージトレーニング26　この形の英文を言えるようにしよう！

（1）私は踊ることを楽しんだ。　　　　　_____ enjoyed _____-ing .

（2）彼女は泣きやんだ。　　　　　　　　_____ stopped _____-ing .

（3）彼らとの会話を楽しみましたか。　　_____ enjoy _____-ing _____?

（4）私はその本を読み終えた。　　　　　_____ finished _____-ing .

（5）彼は9時に働き始める　　　　　　　_____ begins _____-ing .

（6）彼女の趣味はバイオリンを弾くことです。

　　　　　　　　　　　　　　　　　　　_____ is _____-ing .

次ページでは、前回の to〜を目的語に使った英文も入っています。
- ing を入れる形と、うまく区別できるかどうか試してみましょう。
準動詞の学習で一番大切なことは、それらの使い分けです。

（1）I enjoyed dancing.　　　（2）She stopped crying.
（3）Did you enjoy talking with them?　（4）I finished reading the book.
（5）He begins working at nine.　（6）Her hobby is playing the violin.

中学編3—動詞が1・5個・準動詞アプローチ

文法を使ってみよう！　　　　　　CD 26

● **CHECK ONE**：下の英文が理解できるか **Check**！

☐1　I stopped seeing her.

☐2　I want to ask you a question.

☐3　I finished doing my homework at about eleven.

☐4　I really enjoyed talking with you.

☐5　I would like to introduce my brother.

☐6　Stop watching TV now.

☐7　I want to be a singer.

☐8　Did you finish having lunch yet?

☐9　No, not yet.

☐10　My job is teaching Japanese to foreigners.

(5) introduce「紹介する」　(8) yet「もう」　(9) yet「まだ」
(10) to teach とも言えます

● **CHECK THREE**：文法ポイントを身につけたか　最終**Check**！

一方を選んで再確認

☐1　I enjoy (to listen・listening) to music.
☐2　I finished (eating・to eat) lunch .
☐3　My hobby is (reading・read) books.
☐4　He stopped (studiing・studying) .

120

● CHECK TWO：←下の日本文を英文にできるか Check！

- [ ] 1 　私は彼女に会うのをやめた。
- [ ] 2 　君にひとつ質問したい。
- [ ] 3 　私は宿題を11時ぐらいにやり終えました。
- [ ] 4 　あなたとの話は本当に楽しかった。
- [ ] 5 　私の兄を紹介したい。
- [ ] 6 　もうテレビを見るのはやめなさい。
- [ ] 7 　私は歌手になりたい。
- [ ] 8 　もう昼食は食べ終えましたか。
- [ ] 9 　いいえ、まだです。
- [ ] 10　私の仕事は外国人に日本語を教えることです。

1　listening：　　enjoy　-ing の形。
2　eating：　　　finish　-ing の形。
3　reading：　　動詞がダブらないように準動詞。
4　studying：　　そのまま ing をつける。
　　　　　　　　（studiing というつづりはない）

UNIT 27 be going to

準動詞で未来を語ってみよう！

> She is going to visit America.
> （彼女はアメリカを訪れるつもりです）

● 準動詞を動詞の位置に入れて、動詞の表現の幅を広げることができます。もっとも準動詞だけでは、時間に反応できません。そこで例によって be の助けが必要になります。3つの準動詞をまとめてみましょう。

> be to do（〜する予定）　be doing（〜している）　be done（〜される）

各準動詞の未来・進行・受身という基本イメージがきれいに出ています。

● 今回は一番左の be to do です。しかし、この be to という表現はかなり硬い表現で、日常的には使われません。

● be going to do（〜するつもり）が一般的です。
このような形のものを、それに似た助動詞と共に並べてみます。

> be going to (do)　〜する予定、しそう　　（≒　will）
> be able to (do)　　〜できる　　　　　　　（≒　can）
> have to (do)　　　〜しなければならない　（≒　must）

命令的な must に比べると have to は少し柔らかめです。
残りの2つの違いは、高校編UNIT47を参照。

● have to の否定文には注意してください。must の否定と意味が異なります。

  You don't have to come here. （ここに来る必要はない）
  You must not come here. （ここに来てはならない）

また主語が I you 以外の単数ならば has to do にしてください。

  She has to help her mother.
        （彼女は母を手伝わなければならない）

英文イメージトレーニング27　この形の英文を言えるようにしよう！

(1) 彼女は、今日働かなければならない。　_____ has to _____ .

(2) 私は彼に会うことができた。　_____ was able to _____ .

(3) 彼女はそこに滞在するつもりだった　_____ was going to _____ .

(4) 私の名前を書かなければなりませんか。　_____ have to _____ ?

(5) カナダを訪れるつもりですか。　Are _____ going to _____ ?

(6) 君はそのお金を払わなくてもよい。　_____ don't have to _____ .

---

can を未来にしたい時など、この形が役に立ちます。will can と助動詞を続けることはできませんが、下のような形は可能です。
You will be able to get it.（君はそれが得られるだろう）

---

(1) She has to work today.　(2) I was able to meet him.
(3) She was going to stay there.　(4) Do I have to write my name?
(5) Are you going to visit Canada?
(6) You don't have to pay the money.

中学編 3 ― 動詞が1・5個・準動詞アプローチ

文法を使ってみよう！ CD 27

● **CHECK ONE**：下の英文が理解できるか **Check**！

- [ ] 1　We are going to invite Tom.
- [ ] 2　It's going to rain.
- [ ] 3　What are you going to do tomorrow?
- [ ] 4　I'm going to visit my grandparents.
- [ ] 5　I have to take care of my dog.
- [ ] 6　You don't have to do this.
- [ ] 7　You mustn't be late.
- [ ] 8　Do we have to wear our uniforms?
- [ ] 9　The baby was able to walk.
- [ ] 10　You will be able to see him.

(5) take care of「世話をする」　(8) uniform「制服」

● **CHECK THREE**：文法ポイントを身につけたか　最終**Check**！

一方を選んで再確認

- [ ] 1　He (is going・going) to visit Japan.
- [ ] 2　You (have not・don't have) to do it.
- [ ] 3　She (have・has) to work.
- [ ] 4　She will (can・be able to) be there.

● **CHECK TWO** : ←下の日本文を英文にできるか **Check** ！

☐1 　私達はトムを招待する予定です。

☐2 　雨が降りそうだ。

☐3 　明日、何をする予定ですか。

☐4 　祖父母を訪れる予定です。

☐5 　私は犬の世話をしなければならない。

☐6 　こんなこと、しなくてもよい。

☐7 　遅れてはいけません。

☐8 　私達は制服を着なければならないのですか。

☐9 　その赤ちゃんは歩くことができた。

☐10　君は彼に会うことができるだろう。

中学編３―動詞が１・５個・準動詞アプローチ

---

1 is going ：　　 時間を表す is が必要。
2 don't have：　 have to を否定する時は don't。
3 has ：　　　　主語が I、You 以外の単数なら has。
4 be able to：　 will can と助動詞は続けられない。

UNIT 28 進行形

準動詞で動詞部分を作ってみよう！（1）「している」

> I am working.（私は働いているところです）

● 動詞部分を元気よくするために、基本イメージが進行「～している」の -ing を入れてみます。
　　I eating dinner.
これで「私は夕食を食べている」という意味になりました。しかし、eating だけでは時間を表す形にはなっていません。そこで be 動詞が必要です。
　　I am eating dinner.
これで、意味も形も OK です（現在進行形と呼ばれています）。

● 「進行形は be + -ing 」と教わっても、He playing soccer という文を繰り返すことはよくあることですが、なぜ be 動詞が必要なのか理解できれば、すぐに解決します。

● これは be 動詞の文ですから、否定文、疑問文も以下のようになります。

> She isn't reading a book.
> 　　　　　（彼女は今、本を読んでいるところではない）
> Is he using the computer?
> 　　　　　（彼は、そのコンピューターを使っているのか）
> Yes, he is.　No, he isn't.　　　　　　（はい / いいえ）

● is / am → was、are → were の変換で過去進行形も簡単に作れます。
Bob was cooking lunch.
（ボブは昼食を作っているところだった）

英文イメージトレーニング28　この形の英文を言えるようにしよう！

（1）私は今、理科を勉強しているところです。

　　　　　　　　　　　　　　　　　_____ am studying _____．

（2）私達は昼食をとっているところです。

　　　　　　　　　　　　　　　　_____ are having _____．

（3）彼女は絵を描いているのですか。　Is _____ painting _____？

（4）私はシャワーを浴びていた。　　_____ was taking _____．

（5）私はその時泣いていなかった。　_____ wasn't crying _____．

（6）彼はそこで何をしているのですか。

　　　　　　　　　　　　　　What is _____ doing _____？

今行っている動作は、「現在形」ではなく「現在進行形」で表します。そして現在進行形はあくまでも be 動詞の文であることを確認しておきましょう。

....

（1）I am studying science now.　（2）We are having lunch.
（3）Is she painting a picture?　（4）I was taking a shower.
（5）I wasn't crying then.　　　（6）What is he doing there?

中学編 3 ― 動詞が 1.5 個・準動詞アプローチ

文法を使ってみよう！   CD 28

● **CHECK ONE**：下の英文が理解できるか **Check**！

☐1　She is studying English now.

☐2　It's snowing outside.

☐3　Can I help you?

☐4　No, I'm just looking.

☐5　Hey, something is burning!

☐6　The telephone was ringing.

☐7　What are you doing here?

☐8　I'm just relaxing.

☐9　Are you learning Japanese?

☐10　Yes, but just a little.

(5) burn「焼ける」　(10) a little「少し」

● **CHECK THREE**：文法ポイントを身につけたか　最終**Check**！

一方を選んで再確認
☐1　She (eating・is eating) lunch.
☐2　(Does・Is) he working here?
☐3　I (am・was) sleeping then.
☐4　He (isn't・doesn't) study history.

● **CHECK TWO**：←下の日本文を英文にできるか **Check**！

☐1 彼女は今、英語を勉強しているところです。

☐2 外は雪が降っている。

☐3 何かお探しですか(何かお手伝いできますか：店で)。

☐4 いいえ、ただ見ているだけです。

☐5 おい、何か焦げてるぞ。

☐6 電話が鳴っていた。

☐7 君はここで何をしているのですか。

☐8 ただ、ゆっくりしているだけです。

☐9 日本語を学んでいるのですか。

☐10 はい、しかしほんの少しです。

---

1 is eating： 時間を表す is が必要。
2 Is： 時間を表す is が必要。
3 was： then「その時」なので過去形の was を使う。
4 doesn't： 動詞study があるので is は不要。

UNIT 29 受身形（受動態）

準動詞で動詞部分を作ってみよう！(2)「される」

> English is spoken there.（そこでは英語が話されている）

● 3番目の準動詞 -en の登場です。

これは、過去分詞と呼ばれ、不規則変化表の3番目に入っています。基本イメージは受身つまり「される」です。よく -en という形になっています。ただし、規則動詞では過去形と同じ形、 -ed です。

		過去形（動詞）	過去分詞（準動詞）
（規則動詞）	play	played	played
（不規則動詞）	eat	ate	eaten

● This computer used by us.

これで「このコンピューターは私達によって使われる」という意味は出ています。しかし、前回の進行形同様、時間に対応する形になっていません。
そこで再び be 動詞の登場です。

  This computer is used by us.　　正しい英文になりました。
         （受身形、または受動態といいます）

● 進行形同様 be 動詞の文なので否定も疑問も This is a pen. と同じように作ればよいわけです。

  He isn't invited to the party.
        （彼はパーティーに招かれていない）
  Is English used in your office?
        （君の会社では英語が使われているのですか）

英文イメージトレーニング29　この形の英文を言えるようにしよう！

（1）彼はみんなに好かれている。　　＿＿＿＿＿ is liked ＿＿＿＿＿.

（2）フランス語は学校で教えられていません。

　　　　　　　　　　　　　　　　　＿＿＿＿＿ isn't taught ＿＿＿＿＿.

（3）彼はケンと呼ばれています。　　＿＿＿＿＿ is called ＿＿＿＿＿.

（4）君は夕食に招かれたのですか。　Were ＿＿＿＿＿ invited ＿＿＿＿＿?

（5）その家は3年前に建てられた。　＿＿＿＿＿ was built ＿＿＿＿＿.

（6）この写真はどこで撮られたのですか。

　　　　　　　　　　　　　　　　　Where was ＿＿＿＿＿ taken?

普段目的語の位置にある単語を主役にしたい時、この受身という形が用いられます。また時制を変えたい時は、時間を担当しているbe動詞を変えるだけです。-en（過去分詞）は変化しません。

　　現在　　　　　過去　　　　　未来
　is used　→　was used　→　will be used

（1）He is liked by everyone.　　（2）French isn't taught at school.
（3）He is called Ken.　　（4）Were you invited to dinner?
（5）The house was built three years ago.
（6）Where was this picture taken?

文法を使ってみよう！　　　　　　　　　CD 29

● **CHECK ONE** : 下の英文が理解できるか **Check** !

☐1　She is liked by her students.

☐2　The boy was saved by her.

☐3　The town is covered with snow.

☐4　Our new house was built last month.

☐5　His name is known to many people now.

☐6　What language is spoken in Mexico?

☐7　Spanish is.

☐8　The fish was eaten by our cat.

☐9　Was he caught by the police?

☐10　Nothing was done about it.

(3) be covered with「～でおおわれている」(5) be known to「～に知られている」
(7) 疑問詞が主語になる時の答え方　(9) 原形catch

● **CHECK THREE** : 文法ポイントを身につけたか　最終**Check**!

一方を選んで再確認
☐1　It was (ate・eaten) by him.
☐2　(Did・Was) it made by her?
☐3　She will (is・be) liked by them.
☐4　Where (was it・it was) found by them?

● **CHECK TWO**：←下の日本文を英文にできるか **Check**！

☐1　彼女は彼女の生徒達に好かれている。

☐2　その少年は彼女によって救われた。

☐3　その町は雪でおおわれている。

☐4　私達の新しい家は先月建てられた。

☐5　彼の名前は今では多くの人に知られている。

☐6　メキシコでは何語が話されていますか。

☐7　スペイン語です。

☐8　その魚はうちの猫に食べられた。

☐9　彼は警察に捕まったのですか。

☐10　それについて何もなされなかった。

---

1 eaten：　　受身形は be + -en。was ate では動詞が2個になる。
2 Was：　　時間を表す be 動詞が必要。
3 be：　　助動詞の後は動詞の原形。
4 was it：　　疑問詞の後は疑問文語順。

UNIT 30 完了形

準動詞で動詞部分を作ってみよう！(3)「ずっとしてきた」

> I have known her.（私は彼女をずっと知っている）

● 前回、-en を be 動詞の助けを借りて、動詞の位置に入れました（受身形）。再度 -en を入れてみたいと思います。ただし、今回は be 動詞ではなく、have を使います。そうすることで過去から現在までの時間をカバーできるようになります。現在完了形と呼ばれています。
(-en の「受身」の意味はどうなった？ という点については UNIT 55 を参照)。

● これまで学んだものと比べてみましょう。

> I see him.　　　　　　　　　　　（彼に会う：現在形）
> I saw him.　　　　　　　　　　　（彼に会った：過去形）
> I am seeing him.　　　　　　　　（彼に会っている：進行形）
> I have seen him.　　　　　　　　（彼にずっと会っている：完了形）

● 過去から現在まで見渡すことで「ずっと〜している」「〜したことがある」「〜し終えた」という日本語に相当する意味が出ます。

> I have been in Japan since last month.（先月からずっと日本にいる）
> I have seen him many times.　　（何度も彼に会ったことがある）
> I have done the work.　　　　　　（その仕事をやり終えた）

● 主語が I、You 以外の単数なら、have ではなく has を使います。

My father has been in Hokkaido for 2 months.

（私の父は2カ月間、北海道にいる）

英文イメージトレーニング30　この形の英文を言えるようにしよう！

（1）彼はずっと日本にいます。　　　　　_____ has been _____ .

（2）ずっと忙しいです。　　　　　　　　_____ have been _____ .

（3）3年がたちました。　　　　　　　　_____ have passed .

（4）彼女はずっと携帯電話が欲しかった。　_____ has wanted _____ .

（5）彼は10年間、数学を教えています。　　_____ has taught _____ .

（6）私は去年からここに住んでいます。　　_____ have lived _____ .

これで、進行形、受身形、完了形という準動詞を動詞部分で使う3つの特別な形が出揃いました。

次のページでは、過去形、進行形、完了形を使い分けてみましょう。

---

(1) He has been in Japan.　(2) I have been busy.
(3) Three years have passed.　(4) She has wanted a cell phone.
(5) He has taught math for ten years.
(6) I have lived here since last year.

文法を使ってみよう！　　　　　　　　　CD 30

● **CHECK ONE**：下の英文が理解できるか **Check**！

☐1　You've done a good job.　　　　（You have）

☐2　She was in America last year.

☐3　She's been in America since last year.　　（She has）

☐4　He is cleaning his room now.

☐5　He has already cleaned his room.

☐6　I've wanted to talk with you.

☐7　My mother has been sick in bed.

☐8　I've been interested in space .

☐9　It rained last night.

☐10　It has rained for a week.

(5) already「すでに」　(8) be interested in「〜に興味がある」

● **CHECK THREE**：文法ポイントを身につけたか　最終**Check**！

一方を選んで再確認

☐1　I (went・have gone) there yesterday.
☐2　They have (was・been) in Japan.
☐3　English (has・is) spoken.
☐4　She (has・have) lived here.

● **CHECK TWO**：←下の日本文を英文にできるか **Check**！

□1 よくやった。

□2 彼女は去年アメリカにいた。

□3 彼女は去年からずっとアメリカにいる。

□4 彼は今部屋を掃除している。

□5 彼はすでに部屋を掃除してしまった。

□6 ずっと君と話がしたかった。

□7 私の母は病気でずっと寝ている。

□8 私はずっと宇宙に興味がある。

□9 昨夜雨が降った。

□10 1週間雨がずっと降り続いた。

---

1 went： yesterday はある一時点なので過去形。
2 been： 完了形は have ＋ -en。
3 is： 「～される」という意味なので is ＋ -en の受身形。
4 has： 主語が I、You 以外の単数の時は has。

UNIT 31 完了形：否定・疑問

どこにいたのか尋ねてみよう！

> Where have you been？（ずっとどこにいたのですか）

● 英語の否定文、疑問文の作り方は一通りでした。
補助の単語＋not で否定文。補助の単語を先頭に出して、疑問文。
完了形でも同じです。（時間を伝えるための）補助の単語は have ですから、have not で否定文。have を前に出して、疑問文です。

> I have not (haven't) seen her for two months.
> （彼女を2カ月間見ていない）
> Have you done the work？　　（その仕事はやり終えたのか）
> 　　Yes, I have. No, I haven't.　　　　　（はい / いいえ）

● WH疑問文もこれまでの形と同じように、疑問文語順を続けます。
How long have you been in Japan?
（どれくらい日本にいるのですか）

完了形で次の単語がよく用いられます。

> ・not の位置
> 　ever「今までに」 never「一度もない」 already「すでに」 just「ちょうど」
> ・文の最後
> 　〜times「回」　yet「まだ」「もう」　before「以前」

> I have just finished it.　　　（ちょうどそれを終えたところ）
> I have seen him twice.　　　（彼に2度会ったことがある）

英文イメージトレーニング31　この形の英文を言えるようにしよう！

(1) 私は、まだそれをしていない。　　＿＿＿ haven't done ＿＿＿＿．

(2) もう、それをしてしまいましたか。Have ＿＿＿＿ done ＿＿＿＿？

(3) 先月からずっと彼に会っていない。＿＿＿＿ haven't seen ＿＿＿＿．

(4) 今までにタイ料理を食べたことがありますか。

　　　　　　　　　　　　　　　Have ＿＿＿ ever eaten ＿＿＿？

(5) いいえ、ありません。　　　　No, ＿＿＿＿＿＿＿＿＿＿＿．

(6) どれくらい英語を勉強しているのですか。

　　　　　　　　　　　　How long have ＿＿＿ studied ＿＿＿＿？

完了形の否定文や疑問文を正確に表現するポイントは、have を be動詞のように扱うことです。

---

(1) I haven't done it yet.　　(2) Have you done it yet?
(3) I haven't seen him since last month.
(4) Have you ever eaten Thai food?
(5) No, I haven't.　　(6) How long have you studied English?

文法を使ってみよう！　　　　　　　　　　CD 31

● **CHECK ONE** : 下の英文が理解できるか **Check** !

☐1　Have you ever been to Kyoto?

☐2　Yes, once.

☐3　I haven't seen you for a long time.

☐4　How have you been?

☐5　I've never been abroad.

☐6　How long have you been in Japan?

☐7　For two months.

☐8　He hasn't left Japan yet.

☐9　How have you been doing?

☐10　We haven't taken a vacation.

(1) have been to「行ったことがある」　(5) abroad「海外へ」
(9) (4) と同様、この形もよく用いられます。詳しくは UNIT48

● **CHECK THREE** : 文法ポイントを身につけたか　最終**Check** !

一方を選んで再確認

☐1　I (haven't・don't have) done it.
☐2　(Do you have・Have you) been busy?
☐3　I (never have・have never) seen him.
☐4　Have you been here (since・for) last year?

● **CHECK TWO**：←下の日本文を英文にできるか **Check**！

中学編３─動詞が１・５個・準動詞アプローチ

☐1　今までに京都に行ったことがありますか。

☐2　はい、一度。

☐3　君に長い間会っていなかった。

☐4　元気でしたか。

☐5　私は海外へ行ったことがない。

☐6　日本に来てどのくらいですか。

☐7　2カ月です。

☐8　彼はまだ日本を離れていない。

☐9　元気にしてますか。

☐10　私達はずっと長期休暇をとっていない。

1　haven't：　　完了形では have を be動詞のように扱う。
2　Have you：　完了形では have を be動詞のように扱う。
3　have never：never は not の位置。
4　since：　　　since「〜以来」、for「〜間」。

UNIT 32 不定詞(3)

準動詞で追加情報を作ってみよう！(1)「するため」

---
to buy a guitar. （ギターを買うため）

● I visited the town.　　　　　　　　　　（私はその町を訪れた）
これに「彼女に会う」という情報を追加します。時間の流れは visit → see です。そこで、選ぶ準動詞は to～です。日本語の「するため」で考えると、わかりやすいでしょう。
I visited the town to see her.
　　　　　　　　　　　（私は彼女に会うために、その町を訪れた）
また(代)名詞を修飾することもできます。
I want something to drink.　　　　　（私は飲み物が欲しい）

● 人に何かをさせたい時にも使います。
使う動詞は、tell「言う」　ask「頼む」　want「望む」。

　　I told him to help her.　　（彼に、彼女を手伝うように言った）
　　　　→
　　I want you to come here.　（私は君に、ここに来てもらいたい）

● 形式主語を用いた It – to に準ずる形で to～が選択される場合もあります。
　　It's good to see you again.　　　（君に再会できてよかった）
　　I'm glad to see you again.　　　　（君に再会できてうれしい）

この形は glad 以外にも happy「うれしい」、sorry「残念」、surprised「驚いた」と感情を表す単語でよく使われています。日本語の「〜して」という訳で考えるとわかりやすいでしょう。

英文イメージトレーニング32　この形の英文を言えるようにしよう！

（1）私は成功するために熱心に働いた。＿＿ worked ＿＿ to ＿＿．
（2）彼は芸術を勉強するためにイタリアに行った。
　　　　　　　　　　　　　　　　＿＿ went to ＿＿ to ＿＿．
（3）私には読むべきたくさんの本がある。＿＿ have ＿＿ to ＿＿．
（4）君は何か食べ物を持っていますか。　Do ＿＿ have ＿＿ to ＿＿？
（5）私は彼に、ここに来るように言った。＿＿ told ＿＿ to ＿＿．
（6）それを聞いてうれしい。　　　　　　＿＿ am ＿＿ to ＿＿．

準動詞はリンゴの一切れのようなもので、何個集めても1個のリンゴ（動詞）に戻ることはありません。つまり、準動詞をいくら使っても、文法間違いになりません。
　I want to buy something to eat.
　　　　　　　　　（私は何か食べるものを買いたい）
また不定詞の用法等の名称については UNIT 51 を参照してください。

（1）I worked hard to succeed.　（2）He went to Italy to study art.
（3）I have many books to read.　（4）Do you have anything to eat?
（5）I told him to come here.　　（6）I'm glad to hear it.

文法を使ってみよう！　　　　　　　　　　　CD 32

● **CHECK ONE**：下の英文が理解できるか **Check**！

☐1　I got up early to cook breakfast.

☐2　Why did you go to America?

☐3　To study English.

☐4　I want something cold to drink.

☐5　We had a chance to visit Paris.

☐6　I sometimes ask him to go shopping.

☐7　Did you tell him to come here?

☐8　I'm sorry to hear that.

☐9　He is too old to drive a car.

☐10　She was smart enough to pass the exam.

(4) something cold: 形容詞(cold)を数(some)の前に置けないので、この語順
(9) too A to B「BするにはAすぎる」
(10) enough to〜「十分な」形容詞enough、enough 名詞の語順

● **CHECK THREE**：文法ポイントを身につけたか　最終**Check**！

一方を選んで再確認

☐1　I have a book to（read ・ read it）.

☐2　I want（something hot ・ hot something）to drink.

☐3　I am happy（see ・ to see）you.

☐4　I asked him（coming ・ to come）here.

● **CHECK TWO**：←下の日本文を英文にできるか **Check**！

☐1 　私は朝食を作るために早く起きた。

☐2 　なぜ君はアメリカに行ったのですか。

☐3 　英語を勉強するためです。

☐4 　何か冷たい飲み物が欲しい。

☐5 　私達は、パリを訪れるチャンスがあった。

☐6 　私は時々彼に、買い物に行ってくれるように頼む。

☐7 　彼に、ここに来るように言いましたか。

☐8 　それを聞いて残念です。

☐9 　彼は、車を運転するには年をとりすぎている。

☐10 　彼女は、その試験に合格できるほど十分に頭がよかった。

1　read ：　　　　　「読むための本」なので it は不要。
2　something hot ：　something ＋形容詞の順。
3　to see ：　　　　追加の動詞なので準動詞にする。
4　to come ：　　　促す行為は to〜。

UNIT 33 現在分詞

準動詞で追加情報を作ってみよう！(2)「している」

> the student speaking English（英語を話しているその学生）

● 再び追加情報の位置に動詞を入れたいと思います。

　I　saw　the girl　in the park　　　（公園でその少女を見た）
　①　②　　③　　　　④

この④を「歌を歌っている」に変えたいと思います。当然準動詞になりますが、何かを「している」わけですから「進行」が基本イメージの -ing を選択します。

> I saw the girl singing a song.　（歌を歌っているその少女を見た）

● この表現の場合、後半に進行形をそのまま入れて、
　I saw the girl is singing a song. としてしまいがちです。
　そもそも、進行形で、なぜ be動詞を入れたか思い出してみましょう。時間を表す単語がなかったからです。しかし、上の文には、saw という動詞があります。ということは、be動詞は不要です。

● 応用として、④を動詞の左に置いた形も見ておきましょう。
　（①④②③というパターンになります）

　　　The girl　singing a song　　is　　my sister.
　　　　①　　　　　④　　　　　　②　　　③
　　　　　　　　　　（歌を歌っているその少女は私の姉です）

● 追加情報で用いる前置詞の後に準動詞を使いたい時は -ing です。
　-en では受身の意味になりますし、to〜では前置詞が重なるためです。
　He is good at playing the guitar.　（彼はギターを弾くことが得意）

英文イメージトレーニング33　この形の英文を言えるようにしよう！

（1）私は、散歩をしているその男の人を知っている。

　　　　　　　　　　　　　_____ know _____ -ing_____ .

（2）メアリーは、ピアノを弾いているその少女です。

　　　　　　　　　　　　　_____ is _____ -ing_____ .

（3）英語を話しているその少年を見てみなさい。

　　　　　　　　　　　　　Look at _____ -ing_____ .

（4）そこに立っている少年は、マイクです。

　　　　　　　　　　　　　_____ -ing_____ is _____ .

（5）彼は一生懸命働くことによって金持ちになった。

　　　　　　　　　　　　_____ became _____ by _____ -ing_____ .

（6）彼女は歌を歌うのが上手です。　　_____ is _____ at _____ -ing .

文法用語で言えば、(1)〜(4)の -ing が現在分詞（〜している）、
(5)(6)が動名詞（〜すること）と呼ばれているものです。

（1）I know the man taking a walk.
（2）Mary is the girl playing the piano.
（3）Look at the boy speaking English.
（4）The boy standing there is Mike.
（5）He became rich by working hard.　（6）She is good at singing.

文法を使ってみよう！　　　　　　　　　　　CD 33

● **CHECK ONE**：下の英文が理解できるか **Check**！

☐1　I always see the old man sitting on the bench.

☐2　Do you know the woman sitting next to John?

☐3　There were many people waiting for the bus.

☐4　Look at the birds flying over there.

☐5　The girl speaking Japanese is from Seoul.

☐6　The man wearing a black coat is my father.

☐7　Thank you for inviting me.

☐8　How about playing a video game?

☐9　He is fond of taking walks.

☐10　She left without saying a word.

(2) next to「〜の隣」　　　(5)(6) ① ④ ② ③パターン
(7)〜(10) 前置詞 + -ing　(8) how about「〜はどうですか」
(9) be fond of「〜が好き」　(10) without「〜なしで」

● **CHECK THREE**：文法ポイントを身につけたか　最終**Check**！

一方を選んで再確認

☐1　I saw boys (playing・was playing) baseball.

☐2　I know the man (to drink・drinking) beer.

☐3　The girl (speak・speaking) English is my sister.

☐4　I'm sure of (winning・to win) the race.

● **CHECK TWO**：←下の日本文を英文にできるか **Check**！

☐1　ベンチに座っているその老人をいつも見かける。

☐2　ジョンの隣に座っているその女の人を知ってますか。

☐3　バスを待っている多くの人々がいた。

☐4　あの向こうを飛んでいるその鳥達を見てごらんなさい。

☐5　日本語を話しているその少女は、ソウル出身です。

☐6　黒いコートを着ているその男の人は、私の父です。

☐7　私を招いてくれて、ありがとう。

☐8　テレビゲームをするのはどうですか。

☐9　彼は散歩をすることが好きです。

☐10　彼女は一言も言わずに出て行った。

1　playing：　　saw があるので was は不要。
2　drinking：　　「飲むため」では意味がおかしい。
3　speaking：　　動詞の is があるので準動詞。
4　winning：　　前置詞の後は -ing（be sure of「確信する」）。

UNIT 34 過去分詞

準動詞で追加情報を作ってみよう！(3)「される」

a car made in America（アメリカで作られた車）

● 追加情報として準動詞を入れる3つ目、つまり最後の形です。それは直前の単語と受身「される」の関係になるものです。この場合、基本イメージ「受身」の -en が当然選ばれます。入れ方は、前回の -ing と同じです。ただし「作られる」なので made です。
基本（① ② ③ ④）と応用（① ④ ② ③）を並べてみましょう。

基本： I have a doll made in Russia.
　　　　① 　 ②　　 ③　　 ④
　　　　　　　　　　（私はロシア製の人形を持っている）

応用： The doll made in Russia is　cute.
　　　　　①　　 ④　　　　　 ②　 ③
　　　　　　　　　　（ロシア製のその人形はかわいい）

● 次にこの英文を見てください。
　　I ate a boiled egg.　　　　　（ゆで（られた）卵を食べた）
　　I saw a crying baby.　　　　（泣いている赤ちゃんを見た）
いずれも前から名詞にかかっています。これは1語の場合、big のようなひとつの形容詞扱いになるためです。

● 最後に、文法用語から生じる誤解について。
-ing（している）、-en（される）は、それぞれ現在分詞、過去分詞と呼ばれていますが、これは紛らわしい名称です。

例えば現在分詞と言っても He was reading a book. となれば過去の事柄を指しています。

それぞれの基本イメージに基づいて「進行分詞」「受身分詞」とでも名づけた方がわかりやすいでしょう。

英文イメージトレーニング34　この形の英文を言えるようにしよう！

（1）私は彼女によって作られたその昼食を食べた。

　　　　　　　　　　　　　　　 _____ ate _____ made _____ .

（2）彼によって撮られた写真を見た。　_____ saw _____ taken _____ .

（3）そこで話されている言葉は英語だ。_____ spoken _____ is _____ .

（4）彼に見つけられたそのカバンは、私のものだ。

　　　　　　　　　　　　　　　 _____ found _____ is _____ .

（5）私は割れたコップを見つけた。　　_____ found _____ .

（6）それはわくわくする試合だった。　_____ was _____ .

さて準動詞も最後になりました。追加情報の位置で使う3種類の準動詞の復習を次ページで行いましょう。

（1）I ate the lunch made by her.　（2）I saw pictures taken by him.
（3）The language spoken there is English.
（4）The bag found by him is mine.
（5）I found a broken glass.　（6）It was an exciting game.

文法を使ってみよう！　　　　　　　　　　　CD 34

● **CHECK ONE**：下の英文が理解できるか **Check**！

☐1　I received a letter written in English.

☐2　This is a rule made by us.

☐3　Do you know the boy called Kevin?

☐4　The house built by them is very modern.

☐5　The language spoken there is French.

☐6　I have a friend living in Hawaii.

☐7　I bought a used car.

☐8　Thank you for calling me.

☐9　I went to the library to borrow some books.

☐10　She had enough money to buy the bag.

（1）receive「受け取る」　（4）（5）①④②③パターン
（7）-ing、-en 共に 1語の場合は名詞の前に置く

● **CHECK THREE**：文法ポイントを身につけたか　最終**Check**！

一方を選んで再確認
☐1　This is the chair (made・making) by him.
☐2　The student (sung・singing) there is Tom.
☐3　We need water (to drink・drinking).
☐4　He fixed the (door broken・broken door).

● **CHECK TWO**：←下の日本文を英文にできるか **Check**！

□1　私は英語で書かれた手紙を受け取った。

□2　これは私達によって作られたルールだ。

□3　ケビンと呼ばれるその少年を知ってますか。

□4　彼らによって建てられたその家は、とても現代的だ。

□5　そこで話されている言葉はフランス語です。

□6　私にはハワイに住んでいる友人がいる。

□7　私は中古車を買った。

□8　電話をしてくれて、ありがとう。

□9　私は何冊か本を借りるために図書館へ行った。

□10　彼女はそのバッグを買えるだけのお金を持っていた。

1　made：　　　　「作られた」は -en。
2　singing：　　　「歌っている」は -ing。
3　to drink：　　「飲むための」は to〜。
4　broken door：　-en が1語のため前から修飾（fix「修理する」）。

Part 3 (24)〜(34) SELF-CHECK

<u>I</u>　　<u>eat</u>　　<u>dinner</u>　　<u>at seven</u>．
① 　　②　　　③　　　　④

　　　　　　　　　　　　　　話題となっている基本形の位置

☐(24)　to〜と -ing を主語として使うことができる。　　　　①
☐(25)　to〜を目的語として使うことができる。　　　　　　③
☐(26)　-ing を目的語として使うことができる。　　　　　　③
☐(27)　be going to で助動詞の働きをさせることができる。　②
☐(28)　be＋-ing で進行形を作ることができる。　　　　　　②
☐(29)　be＋-en で受身形を作ることができる。　　　　　　②
☐(30)　have＋-en で完了形を作ることができる。　　　　　②
☐(31)　完了形の否定文、疑問文を言うことができる。　　　②
☐(32)　to〜を使って追加情報を作ることができる。　　　　④
☐(33)　-ing を使って追加情報を作ることができる。　　　　④
☐(34)　-en を使って追加情報を作ることができる。　　　　④

Part 3で、準動詞アプローチによる「動詞」の追加を学びました。
Part 4では、もうひとつの方法、接続詞アプローチで動詞を追加してみましょう。

中学編

Part 4

動詞が2個：接続詞アプローチ

UNIT 35 接続詞：because など

動詞をそのまま追加してみよう！

> He is popular because he is kind.
> (彼は人気があります、なぜなら彼は親切だから)

● Part 3 では準動詞にするという方法で、動詞の追加を行いました。Part 4では、もうひとつの方法で追加します。今度は接続詞を使い、動詞をそのまま追加します。
S（主語）V（動詞）で表すと英文法の全体像は次のようになります。

```
                    V´      （V´は準動詞）
SV （基本形）
                +   SV      （＋は接続詞）
```

● 上の例文では、because がその接続詞です。これを使うことで、2つ目の is を使うことができます。また、because から文をはじめることもできます。

　　Because he is kind, he is popular.

この順序の時は , (コンマ) を入れてください。接続詞が途中にないので、前半と後半の切れ目がわかりにくいのです。

● これで形の話は早くも終わりです。準動詞のように動詞を加工したりしないので簡単です。後は、それぞれの意味を知ればよいだけです。

because なぜなら	if もし	when する時
as soon as するとすぐに	though だけれど	since 以来
till まで	after 後	before 前
(since、till、after、before は 前置詞もあります)		

英文イメージトレーニング35　この形の英文を言えるようにしよう！

中学編 4 ― 動詞が2個・接続詞アプローチ

（1）彼女が忙しい時は私が夕食を作る。　　When ___ , ___ cook ___ .
（2）彼は若いので、よく働く。　　　　　　　Because ___ , ___ works ___ .
（3）私は疲れていたが、宿題をした　　　　　Though ___ , ___ did ___ .
（4）もし時間があるなら、私達を訪ねてください。

　　　　　　　　　　　　　　　　　　　　　Please visit ___ if ___ .
（5）私は夕食をとった後に風呂に入る。　___ take ___ after ___ .
（6）私は夕食後に風呂に入る。（前置詞）　___ take ___ after ___ .

接続詞を用いることで、もう一度動詞が使えます。準動詞と比べるとずいぶん楽な方法です。
次ページでは名詞を追加する前置詞とあわせて練習してみましょう。

（1）When she is busy, I cook dinner.
（2）Because he is young, he works a lot.
（3）Though I was tired, I did homework.
（4）Please visit us if you have time.
（5）I take a bath after I have dinner.　（6）I take a bath after dinner.

文法を使ってみよう！　　　　　　　　　CD 35

● **CHECK ONE**：下の英文が理解できるか **Check**！

☐1　If you are free tomorrow, please help me.

☐2　When you come here tonight, please bring the CD.

☐3　As soon as I got to the station, I looked for the hotel.

☐4　She can't come today because she has a cold.

☐5　We were there till it got dark.

☐6　I want to go home before it starts to snow.

☐7　I visited Kamakura while I stayed in Japan.

☐8　I visited Kamakura during my stay in Japan.

☐9　He has been in Australia since he was 8.

☐10　He has been in Japan since 1985.

---

(1)(2)「もし〜」や「〜する時」の後は、未来も現在形のままです
(3) as soon as「〜するとすぐに」　look for「探す」
(8)(10) during / since 前置詞

● **CHECK THREE**：文法ポイントを身につけたか　最終**Check**！

一方を選んで再確認

☐1　He isn't here because he (is・being) sick.

☐2　She became sick from (work・working) too hard.

☐3　I (studying・was studying) math when she called me．

☐4　I met John before (coming・came) here.

● **CHECK TWO**：←下の日本文を英文にできるか **Check**！

□1 もし明日暇なら、手伝ってください。

□2 今夜ここに来る時に、そのCDを持ってきてください。

□3 駅に着いてすぐに、そのホテルを探した。

□4 彼女は風邪をひいているので今日来られません。

□5 暗くなるまで、私達はそこにいた。

□6 雪が降り始める前に家に帰りたい。

□7 日本の滞在中に私は鎌倉を訪れた。

□8 日本の滞在中に私は鎌倉を訪れた。

□9 彼は8歳の時からオーストラリアにいます。

□10 彼は1985年から日本にいます。

---

1 is： 接続詞の後は2個目の動詞が必要。
2 working： 前置詞の後は -ing。
3 was studying： 接続詞をつけると、SVは2つ。
4 coming： 主語がないので before は前置詞。

UNIT 36 接続詞：and、or、but

2つのものを並べてみよう！

> She likes rock music and he likes jazz.
> （彼女はロックが好き、そして彼はジャズが好き）

● 上の例文を見る限り、and は前回の because と同じ役割をしています。he likes jazz をつけ加えているので接続詞には間違いありません。しかし次の例文を見てください。

(1) He and I are good friends. 　　（彼と私はよい友達です）
(2) I came and saw her. 　　（私は来て彼女に会った）
(3) She likes black and purple. 　　（彼女は黒と紫が好き）
(4) I do a part-time job on Mondays and Fridays.
　　　　　　　　　　　　　　　（月曜と金曜バイトをする）

(1)から(4)まで、and はどの位置でも2つのものを並べることができるのです。but（しかし）、or（または）も、この仲間です。

● and、or、but を用いたよく使われる表現を見てみましょう。

> They speak both English and French.
> 　　　　　　　（彼らは英語とフランス語を両方話す）
>
> Either you or Tom is right. 　　（君かトムのどちらか一方が正しい）
>
> She is not only smart but also kind.
> 　　　　　　　（彼女は頭が良いだけでなく親切だ）

● and、or は、命令文と共に使うことがあります。

　　Hurry up, and you'll be in time.
　　　　　　　　　　（急ぎなさい、そうすれば間に合います）
　　Hurry up, or you'll be late.
　　　　　　　　　　（急ぎなさい、さもなければ遅れます）

英文イメージトレーニング36　この形の英文を言えるようにしよう！

（1）私は彼と彼女の両方を知っている。　___ know ___ and ___ .

（2）君はこれかあれをとってもよい。　___ can take ___ or ___ .

（3）私達はお金持ちではないけれど幸せだ。

　　　　　　　　　　　　　___ aren't ___ but ___ are ___ .

（4）マイクとケンは2人とも学生です。Both ___ and ___ are ___ .

（5）一生懸命働きなさい、そうすれば成功します。

　　　　　　　　　　　　Work ___ , and ___ .

（6）私に言いなさい、そうしなければ君を手助けできない。

　　　　　　　　　　　　Tell ___ , or ___ .

---

and、or、but を使えば動詞を含めて、同じ種類のものを繰り返すことができます。次ページではいろいろな位置で and、or、but を使ってみましょう。

（1）I know both him and her.　（2）You can take this or that.
（3）We aren't rich but we are happy.　（4）Both Mike and Ken are students.
（5）Work hard, and you will succeed.
（6）Tell me, or I can't help you.

文法を使ってみよう！　　　　　　　　　　　　CD 36

● CHECK ONE：下の英文が理解できるか Check！

☐1　She can speak both English and French.

☐2　The bank is between the station and the department store.

☐3　Go straight, and you will find a white building.

☐4　For here, or to go?

☐5　For here, please.

☐6　Neither she nor I knew about it.

☐7　Don't be late, or you will lose your job.

☐8　I'm sorry, but I didn't have time.

☐9　That person is not his father but his uncle.

☐10　She plays not only the piano, but also the violin.

（2）between「間」　department store「デパート」　（4）（5）ファーストフード店などで使う表現　（6）neither A nor B「AでもBでもない」
（9）person「人」、not A but B「AでなくB」

● CHECK THREE：文法ポイントを身につけたか　最終Check！

一方を選んで再確認

☐1　He and I (am・are) brothers.

☐2　Do you have any brothers or (sisters・sister)？

☐3　Ask him, (and・or) he will help you.

☐4　She is not my mother (but・and) my aunt.

● **CHECK TWO**：←下の日本文を英文にできるか **Check**！

☐1　彼女は英語とフランス語を両方話すことができる。

☐2　その銀行は駅とそのデパートの間です。

☐3　まっすぐ行きなさい、そうすれば白い建物が見えます。

☐4　こちらでお召し上がりですか、それともお持ち帰りですか。

☐5　ここで食べます。

☐6　彼女も私も、それについては知らなかった。

☐7　遅れることのないように、さもなければ仕事を失いますよ。

☐8　すみません、しかし時間がなかったんです。

☐9　あの人は、彼の父親ではなく叔父です。

☐10　彼女はピアノだけでなくバイオリンも弾く。

1　are：　　　複数の主語には are。
2　sisters：　同じ形のものを並べる。
3　and：　　　「そうすれば」は and。
4　but：　　　not A but B（A でなく B）。

UNIT 37 疑問文の追加：間接疑問・付加疑問

文の中に疑問文を入れてみよう！

> I know who he is.（私は彼が誰か知っている）

● 実は、because のような接続詞以外に、（主語・動詞）を追加できるものがあります。それは疑問詞です。というのも、疑問詞の位置は常に文の先頭ですから、聞き手は、疑問詞を聞くと、新たなスタートと感じることができるわけです。

　　I don't know where we should go.
　　　　　　　　　　　　（どこへ行くべきかわからない）

● ただ疑問詞を使っているだけで相手に質問しているわけではないので、疑問文語順(つまり should we)にはしません。こうしたものを間接疑問文と言います。ちなみに上の例文を準動詞アプローチで言うなら、I don't know where to go です。

● また、相手の確認を求めて、文の最後に疑問を追加することもあります。動詞の種類や時制を考慮しながら2単語だけで作ります。付加疑問文と言います。

> 肯定の後は、否定に。
>   He is a student, isn't he?　　　　　　（彼は学生ですね）
> 否定の後は、肯定に。
>   You won't buy this, will you?　　　　（これは買わないですね）

英文イメージトレーニング37　この形の英文を言えるようにしよう！

中学編 4 ─ 動詞が2個・接続詞アプローチ

（1）私はそれが何かわかっています。　　_____ know what _____ .
（2）彼がどこにいるか教えてください。Please tell _____ where _____ .
（3）彼が何歳か知ってますか。　　　　Do ___ know how old ____ ?
（4）彼は親切ですね。　　　　　　　　_____ is _____ , _____ ?
（5）君はその映画を見ましたね。　　　_____ saw _____ , _____ ?
（6）それは面白くないですよね。　　　_____ isn't _____ , _____ ?

ここでややこしいと言われる否定疑問について説明します。
Don't you like Italian food?
　　　　　　　　（イタリア料理は好きではないのですか）
こうした否定疑問文でも、Do you という普通の疑問文でも実は答え方は1種類しかありません。
　　自分の答えが肯定なら、Yes, I do.　　　（好きですよ）
　　否定なら、　　　　　　No, I don't.（好きではありません）
相手の質問に合わせる「はい」「いいえ」と異なり、Yes、No は自分の答える内容で決めます。

（1）I know what it is.　　　　　（2）Please tell me where he is.
（3）Do you know how old he is?　（4）He is kind, isn't he?
（5）You saw the movie, didn't you?　（6）It isn't interesting, is it?

文法を使ってみよう！　　　　　　　　　　CD 37

● **CHECK ONE**：下の英文が理解できるか **Check**！

- [ ] 1　I know what you bought.
- [ ] 2　Do you know what time it is?
- [ ] 3　I want to know who wrote this story.
- [ ] 4　I can't understand why he said that.
- [ ] 5　I wonder who she is.
- [ ] 6　You like classical music, don't you?
- [ ] 7　He has been sick, hasn't he?
- [ ] 8　You won't stay here, will you?
- [ ] 9　Don't you like this?
- [ ] 10　Yes, I do.

(5) wonder「疑問に思う」　(9) 否定疑問
(10) 自分の答えが肯定なら常に Yes、否定なら常に No

● **CHECK THREE**：文法ポイントを身につけたか　最終**Check**！

一方を選んで再確認

- [ ] 1　I don't know who (is he・he is).
- [ ] 2　Do you know how (to cook・cook) tempura?
- [ ] 3　You like animals, (don't・do) you?
- [ ] 4　Isn't she kind?（Yes・No）, she is.

166

● **CHECK TWO**：←下の日本文を英文にできるか **Check**！

中学編 4 ― 動詞が2個・接続詞アプローチ

□1　君が何を買ったか知っている。

□2　何時かわかりますか。

□3　誰がこの話を書いたのか知りたい。

□4　なぜ彼がそんなことを言ったのか理解できない。

□5　彼女は誰なんだろう。

□6　君はクラシック音楽が好きですよね。

□7　彼はずっと病気ですね。

□8　君はここに滞在しないんでしょう。

□9　これを好きではないのですか。

□10　好きですよ。

1　he is：　　間接疑問文は疑問文語順にしない。
2　to cook：　主語がなく、準動詞アプローチ。
3　don't：　　肯定の後には否定の付加疑問。
4　Yes：　　　自分の答えが肯定なら、常に Yes.。

UNIT 38 関係代名詞：人

人の説明を加えてみよう！

the person who made this（これを作ったその人）

● I know the man　この後に、少し説明を加えたくなった場合を考えてみてください。
例えば、「彼は昨日ここに来た」。すると英文は、
　I know the man he came here yesterday.（×）
明らかに文法間違いですね。勝手に2個目の動詞を追加しました。ここで前回の話を思い出しましょう。
「疑問詞を使えば、動詞の追加ができる」

● つまり、上の例で言えば、「彼が」(he)と言おうとする時に「誰が」(who)に言い換えてしまうのです。すると、
I know the man he came here.
　　　　　　　　who　　　（私はここに来たその男性を知っている）
理屈はこれだけです。動詞を追加するため（＋を作るため）の疑問詞変換です。こうしたものを関係代名詞と呼びます。関係代名詞の表も代名詞の表をただ疑問詞変換させただけです。

「彼が」→「誰が」	「彼の」→「誰の」	「彼を」→「誰を」
he　　　　who	his　　　　whose	him　　　　who(m)
（主格）	（所有格）	（目的格）

＊ whom は通常省略されるか、who が代わりに使われます。

● 応用として、主語に追加情報をつけてみます。(①④②③パターン)

The girl ~~her~~ hair was long is Jane.
　　　　whose　　　　　　　　（髪の長いその少女はジェインです）
The man ~~him~~ I respect is my father.
　　　　who(m)　　　　　　　（私が尊敬している人は父です）

英文イメージトレーニング38　この形の英文を言えるようにしよう！

(1) 私は手伝ってくれる人が必要です。　＿＿ need ＿＿ who ＿＿＿．

(2) ケンという名前の少年を知っている。＿＿ know ＿＿ whose ＿＿．

(3) 彼はあなたが気に入るであろう人です。＿＿ is ＿＿（whom）＿＿．

(4) 私達が会ったその人は、とても背が高かった。

　　　　　　　　　　　　　　　　　＿＿（whom）＿＿ was ＿＿．

(5) そこでバッグを持っているその男性はボブです。

　　　　　　　　　　　　　　　　＿＿ who ＿＿ is ＿＿＿．

(6) メアリーは目の青い少女です。　　＿＿ is ＿＿ whose ＿＿＿．

次ページでは、ここまでの復習を兼ねて、関係詞と前置詞や、準動詞アプローチとの違いに注目してみましょう。

(1) I need a person who will help me.
(2) I know a boy whose name is Ken.
(3) He is a person you will like.
(4) The person we met was very tall.
(5) The man who has a bag there is Bob.
(6) Mary is a girl whose eyes are blue.

文法を使ってみよう！　　　　　　　　　CD 38

● **CHECK ONE**：下の英文が理解できるか **Check**！

☐1　Bob is the boy in a T-shirt.

☐2　Bob is the boy wearing a T-shirt.

☐3　Bob is the boy who is wearing a T-shirt.

☐4　She is the girl who can speak perfect English.

☐5　Susan is a woman who is always cheerful.

☐6　Jane is a girl whose dream is to be an actress.

☐7　I know a boy whose brother is a professional baseball player.

☐8　Is he the man you like?

☐9　The man living next door is a doctor.

☐10　The man who lives next door is a doctor.

(5) cheerful「明るい」　(8) 関係代名詞の省略
(9)(10)　① ④ ② ③パターン

● **CHECK THREE**：文法ポイントを身につけたか　最終**Check**！

一方を選んで再確認

☐1　She is the woman（who・whose）can speak Chinese.
☐2　I know the girl（who・whose）eyes are blown.
☐3　I saw a man who（was running・running）there.
☐4　The student（who walking・walking）there is Jim.

● **CHECK　TWO**：←下の日本文を英文にできるか **Check**！

☐1　ボブは、Tシャツを着ているその少年です。　　　（前置詞）

☐2　ボブは、Tシャツを着ているその少年です。　　　（準動詞）

☐3　ボブは、Tシャツを着ているその少年です。　　（関係代名詞）

☐4　彼女が、完璧な英語を話すその少女です。

☐5　スーザンはいつも明るい女性です。

☐6　ジェインは、女優になる夢を持つ少女です。

☐7　私は兄がプロの野球選手という少年を知っている。

☐8　彼が君が好意を持っているその男性ですか。

☐9　隣に住んでいるその男性は医師です。　　　　　（準動詞）

☐10　隣に住んでいるその男性は医師です。　　　（関係代名詞）

1　who：　　　　　she の変換（「彼女が」→「誰が」）。
2　whose：　　　 her の変換（「彼女の」→「誰の」）。
3　was running：　who をつけたら動詞が合計2個になる。
4　walking：　　　who なら who is walking になる 。

UNIT 39 関係代名詞：物

物の説明を加えてみよう！

the cheese which I bought（私が買ったそのチーズ）

● 説明するものが物に変わっても、関係代名詞のルールは同じです。
　　I ate the dinner.
これに「彼女によって作られた」をつけます。
「それ」（it）を「どれ」（which）に変えてしまえば、動詞の追加ができます。
　　I ate the dinner ~~it~~ was made by her.
　　　　　　　　　which
　　　　　（彼女によって作られたその夕食を食べた）

● 物についての関係代名詞の表を示しておきましょう。

(代名詞)	it	its	it
(関係代名詞)	which	whose	which
	主格	所有格	目的格

　＊「それの」は「誰の」という変換になります。また目的格の which は whom 同様省略できます。

● 主語に追加情報をつける応用パターン（① ④ ② ③の語順）も見ておきましょう。
　　　The house whose roof is red is ours
　　　　　①　　　　④　　　　②　③
　　　　　　　（屋根の赤いその家が私達のものです）

● また、, (コンマ) をつけると、「そして」という追加の仕方になります。

I found a dog, which was really big.
（私は犬を見かけたが、それは本当に大きかった）

英文イメージトレーニング39　この形の英文を言えるようにしよう！

(1) それは奇妙な名前を持つグループです。　＿＿ is ＿＿ which ＿＿ .
(2) それは名前が奇妙なグループです。　　＿＿ is ＿＿ whose ＿＿ .
(3) これは私が借りたその DVD です。　　＿＿ is ＿＿ which ＿＿ .
(4) 私が見たそのドラマはよかった。　　＿＿ which ＿＿ was ＿＿ .
(5) 彼が出したその答えは間違っていた。　＿＿（which）＿＿ was ＿＿ .
(6) これは君が買ったその車ですか。　　Is ＿＿ which ＿＿ ?

「彼が」→「誰が」、「彼の」→「誰の」、「それを」→「どれを」……
関係代名詞の疑問詞変換とは、言い換えると「反抗期の子供のように」言葉を返すことです。このように考えると、楽しく（？）練習できるかもしれません。

---

(1) It is a group which has a strange name.
(2) It is a group whose name is strange.
(3) This is the DVD which I borrowed.
(4) The drama which I saw was good.
(5) The answer he gave was wrong.
(6) Is this the car which you bought?

文法を使ってみよう！　　　　　　　　　　　CD 39

● **CHECK ONE**：下の英文が理解できるか **Check**！

☐1　I ate the cake on the table.

☐2　I ate the cake which was on the table.

☐3　I saw a bird flying in the sky.

☐4　I saw a bird which was flying in the sky.

☐5　I want a car made in Italy.

☐6　I want a car which was made in Italy.

☐7　I read a book whose title was "Man and Space."

☐8　Is this the key you are looking for?

☐9　The city which impressed me most is Rome.

☐10　The e-mails I receive from him are usually very short.

(8) look for「探す」　(8)(10) 関係代名詞省略　(9) impress「印象づける」
(9)(10)　① ④ ② ③パターン

● **CHECK THREE**：文法ポイントを身につけたか　最終**Check**！

一方を選んで再確認

☐1　This is the cake (who・which) was made by her.
☐2　I saw a house (which・whose) roof was green.
☐3　I read a letter which (written・was written) in English.
☐4　The book which I bought (was difficult・difficult)

● **CHECK TWO**：←下の日本文を英文にできるか **Check**！

☐1 　私はテーブルの上のそのケーキを食べた。　　　　（前置詞）

☐2 　私はテーブルの上のそのケーキを食べた。　　　（関係代名詞）

☐3 　私は空を飛んでいる鳥を見た。　　　　　　　　（準動詞）

☐4 　私は空を飛んでいる鳥を見た。　　　　　　　（関係代名詞）

☐5 　私はイタリア製の車が欲しい。　　　　　　　　（準動詞）

☐6 　私はイタリア製の車が欲しい。　　　　　　　（関係代名詞）

☐7 　「人と宇宙」という題名の本を読んだ。

☐8 　これは君が探しているカギですか。

☐9 　最も印象深い都市はローマです。

☐10　私が彼から受け取るEメールはたいていとても短い。

---

1 which：　　　　　it was の変換 は which was。
2 whose：　　　　its roof の変換は whose roof。
3 was written：　which をつけたら通常の受身形。
4 was difficult：　the book に対する動詞が必要。

UNIT 40　that：接続詞・関係代名詞

that で動詞を追加してみよう！

the dictionary that he bought （彼が買ったその辞書）

● Part 4の最後は that です。
that は、Part 1では「あれ」くらいの意味しかありませんでしたが、Part 4 では活躍します。というのも、that と言えば、とりあえず＋の機能が生まれ、動詞を追加できるからです。つまり接続詞としても、関係代名詞としても使えます。

● 接続詞としては、
　　I think that he is a student.　　　　　（彼は学生だと思う）
この that という接続詞は、よく省略されます。それは if や because と異なり、that が＋という形の役割を果たすだけで、意味をつけ加えないからです。
　　I know (that) he is popular.
　　　　　　　　　　（彼が人気があるというのは知っている）

● 関係代名詞としては、that に「あれの」という所有の意味がないため whose の代わりはできませんが、それ以外なら代役ができます。関係代名詞の表の中で見てみましょう。

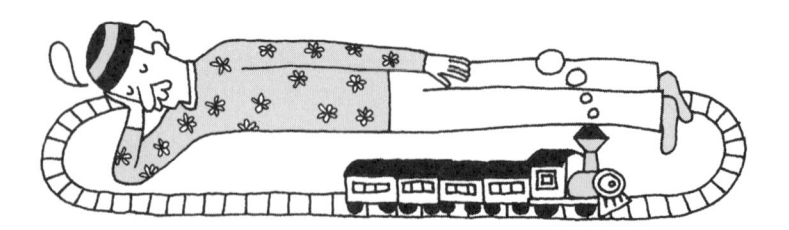

	人			物	
主格 ～は	所有格 ～の	目的格 ～を	主格 ～は	所有格 ～の	目的格 ～を
who	whose	(whom)	which	whose	(which)
that	-	(that)	that	-	(that)

＊(　　)の単語は省略可。

英文イメージトレーニング40　この形の英文を言えるようにしよう！

(1) 彼が幸せとは思いません。　　　　____ don't think that ____ .

(2) 彼女が英語を話せることを知っている。____ know that _____ .

(3) 君がここにいて私はうれしい。　　____ am ____ that _____ .

(4) 雨が降ると思いますか。　　　　　Do ____ think that ____ ?

(5) これが彼らが建てた家です。　　　____ is ____ that _____ .

(6) 彼が飼っている犬はかわいい。　　____ that ____ has is ____ .

---

(1)から(4)までが接続詞、(5)(6)が関係詞です。接続詞は接着剤的、関係詞は磁石的にSVをつなぎます。

|SV| 接 |SV|、|SV| 関 V

---

(1) I don't think (that) he is happy.
(2) I know (that) she can speak English.
(3) I am glad (that) you are here.
(4) Do you think (that) it will rain?
(5) This is the house (that) they built.
(6) The dog (that) he has is cute.

文法を使ってみよう！　　　　　　　　　　　　CD 40

● **CHECK ONE**：下の英文が理解できるか **Check**！

☐1　I think that she is nervous.

☐2　We all know that you are right.

☐3　Didn't you know that they were angry?

☐4　Are you sure that Kate will like this plan?

☐5　I hope that you will get well soon.

☐6　I am afraid it's too late.

☐7　This is the only song that I can sing in English .

☐8　This is the most beautiful view that I've ever seen.

☐9　Is this the bike that you bought?

☐10　The cell phone she has is really small.

(1)〜(6) 接続詞　　　　　　(7)〜(10) 関係代名詞
(4) be sure「確信している」　(6) be afraid「残念だが〜と思う」
(6)(10) that 省略　　　　　　(10) ① ④ ② ③のパターン

● **CHECK THREE**：文法ポイントを身につけたか　最終**Check**！

一方を選んで再確認

☐1　I met a boy (whose・that) mother is a teacher.

☐2　The camera that she (has・having) is very nice.

☐3　I know (that・which) she is from China.

☐4　This is the car (that was bought・was bought) by him.

● CHECK TWO：←下の日本文を英文にできるか Check！

☐1　彼女は緊張していると思う。

☐2　君が正しいことは私達はみんな知っている。

☐3　彼らが怒っていることを、君は知らなかったのですか。

☐4　ケイトがこの計画を気に入ると確信していますか。

☐5　君がすぐによくなることを願っています。

☐6　残念だがそれは遅すぎると思う。

☐7　これは私が英語で歌える唯一の歌です。

☐8　これは私が今までに見た中で最も美しい景色です。

☐9　これは君が買ったその自転車ですか。

☐10　彼女が持っている携帯電話はとても小さい。

中学編 4 — 動詞が2個・接続詞アプローチ

---

1 whose： his mother の変換。that は whose の代わりはできない。
2 has： that で SV（she has）の追加。
3 that： 接続詞「〜ということ」。
4 that was bought： 関係代名詞が主語になる時は省略できない。

Part 4 (35)〜(40) SELF-CHECK

<u>I</u>　　<u>eat</u>　<u>dinner</u>　<u>at seven</u>．
① 　　②　　③　　　　④

　　　　　　　　　　　　　　話題となっている基本形の位置

- □(35)　接続詞を使って動詞を追加できる。　　　　　　　④
- □(36)　and、or、but でものを並べることができる。　　①〜④
- □(37)　間接疑問や付加疑問を正しく使える。　　　　　　③④
- □(38)　関係代名詞で人の説明ができる。　　　　　　　　④
- □(39)　関係代名詞で物の説明ができる。　　　　　　　　④
- □(40)　that を接続詞や関係代名詞として使うことができる。　④

これで中学編が終了しました。

BASIC VOCABULARY

基数

one	two	three	four	five	six	seven	eight	nine	ten
1	2	3	4	5	6	7	8	9	10

eleven	twelve	thirteen	fourteen	fifteen	sixteen	seventeen
11	12	13	14	15	16	17

eighteen	nineteen	twenty
18	19	20

twenty-one	thirty	forty	fifty	sixty	seventy	eighty	ninety	one hundred
21	30	40	50	60	70	80	90	100

one thousand
1000

序数(〜番目) (序数の前は原則the をつける)

first	second	third	fourth	fifth	sixth	seventh	eighth	ninth
1st	2nd	3rd	4th	5th	6th	7th	8 th	9th

tenth
10th

eleventh	twelfth	thirteenth	nineteenth	twentieth	twenty-first
11th	12th	13th	19th	20th	21st

twenty-second	thirtieth	thirty-first
22nd	30th	31st

曜日

Sunday	Monday	Tuesday	Wednesday	Thursday	Friday	Saturday
日曜日	月曜日	火曜日	水曜日	木曜日	金曜日	土曜日

月

January	February	March	April	May	June
1月	2月	3月	4月	5月	6月

July	August	September	October	November	December
7月	8月	9月	10月	11月	12月

動詞の不規則変化表

	原形	過去形	過去分詞(-en)
(AAA)			
切る	cut	cut	cut
置く	put	put	put
読む	read	read*	read*　（*発音は[red]）
(ABA)			
来る	come	came	come
なる	become	became	become
走る	run	ran	run
(ABB)			
建てる	build	built	built
買う	buy	bought	bought
持ってくる	bring	brought	brought
とらえる	catch	caught	caught
見つける	find	found	found
忘れる	forget	forgot	forgot (ten)
得る・なる	get	got	got (ten)
持つ	have	had	had
聞く	hear	heard	heard
保つ	keep	kept	kept
出る	leave	left	left
失う	lose	lost	lost
作る	make	made	made
会う	meet	met	met
言う	say	said	said
売る	sell	sold	sold

送る	send	sent	sent
座る	sit	sat	sat
立つ	stand	stood	stood
言う	tell	told	told
教える	teach	taught	taught
思う	think	thought	thought
理解する	understand	understood	understood

(ABC)

はじめる	begin	began	begun
こわす	break	broke	broken
する	do	did	done
飲む	drink	drank	drunk
運転する	drive	drove	driven
食べる	eat	ate	eaten
飛ぶ	fly	flew	flown
与える	give	gave	given
行く	go	went	gone
成長する	grow	grew	grown
知る	know	knew	known
見る	see	saw	seen
見せる	show	showed	shown
歌う	sing	sang	sung
話す	speak	spoke	spoken
泳ぐ	swim	swam	swum
とる	take	took	taken
書く	write	wrote	written

(be動詞)

	be (is / am / are)	was / were	been

高校編

Part 5

基本形：発展編

UNIT 41　5文型

中学編 21 を発展させてみよう！

中学：I found it easy.　　　　　（私はそれを簡単だと気づいた）
高校：I found it easy to read the book.
　　　　　（私はその本を読むことは簡単だと気づいた）

● 5文型自体は中学ですでに学習しています（UNIT 21参照）。ここではもう少し詳しく見てみましょう。
　5文型は、英文はいずれも主語(S)、動詞(V)で始まり、その後の目的語(O)か補語(C)のつき方で5つに大別できるとする分類方法です。

● 5文型はbe動詞にこだわる分け方で、be動詞でつながるものをC、そうでないものをOとします。そして、Oを伴う動詞が他動詞、Oを伴わないものが自動詞です（修飾語は無視します）。

第1文型	SV	I walk to school.	to school は修飾部分。
第2文型	SVC	He is kind.	kind が C。
第3文型	SVO	I eat dinner.	dinner が O。
第4文型	SVOO	I make him dinner. （彼に夕食を作る）	him と dinner が O。 「〜に〜を」の順。
第5文型	SVOC	I make him happy. （彼を幸せにする）	him が O、happy は C。 (he is happy)

● 第5文型で、形式的なitを目的語の位置に入れる形を見ておきましょう。主語の位置に入れる形と並べてみます。
　It is difficult to play the violin.　（バイオリンを弾くことは難しい）
　I found it difficult to play the violin.
　　　　　（バイオリンを弾くことは難しいと気づいた）

it は共に to play the violin をさしますが、その位置から、上の it は、形式主語、下の it は形式目的語と呼ばれます。

● この5文型、それぞれが、同じ頻度で使われているのではなく、あくまでも第1、2、3文型が主です。第4、5文型は限られた動詞で使う文型です。

CD 41

表現力をアップさせよう！

● **SV**
 □ We usually play with Jim. （私達はたいていジムと遊ぶ）

● **SVC (S is C)**
 □ Our teacher looks tired. （私達の先生は疲れているように見える）
 □ It sounds good to me. （それは私にはよさそうに聞こえる）
 □ This soup tastes good. （このスープの味はよい）
 □ The flower smells nice. （その花はよい香りがする）
 □ The sofa doesn't feel very good.
  （そのソファーの感触はあまりよくない）
 ＊be 動詞以外でも形容詞が後に続くものがあり、代表的なものは五感を示すものです。

● **SVO**
 □ We discussed the problem. （私達はその問題を議論した）

● **SVOO**（「〜に・〜を」）
 □ Can I ask you a question? （君に質問してもよいですか）

● **SVOC (O is C)**
 □ I think it difficult to come back tomorrow.
  （明日戻ってくるのは難しいと思う）

Take a closer look !
今回の文法は、こうして使う！

● 「丘の上に塔が建っている。」
　□ There stands a tower on the hill.
There is「〜がある」の is を stands に置き換えたものです。上の文の主語が tower の SV の文型です。there は修飾語です。

● 「顔色が悪いよ。」
　□ You look pale.
「見える」という意味の look を使います。この時は look を be動詞のように扱い、後に形容詞(pale)を続けます。pale が C (補語) の SVC の文型です。

● 「それはひどい話だ。」
　□ It sounds terrible.
見て判断した時のは look、聞いて判断した時は sound「聞こえる」です。look と同じように、その sound を be動詞扱いにして形容詞を続ける SVC の文型です。

● 「事故のために、私達はとても遅く駅に着いた。」
　□ We reached the station very late because of an accident.
「着く」には arrive at や get to がありますが、reach は前置詞が不要です。言い換えると他動詞ということで、そのまま目的語を続ける SVO の文型になります。

● 「今、時間よろしいですか。」
　□ Could you spare me a minute?
「(時間を)さく、余分にとる」という動詞 spare の後に、me (私に)　a minute (1分)という2つの要素を置きます。「私に時間を」という語順の SVOO の文型です。

● 「脂肪のとりすぎは君にとって害になる。」
　□ Eating too much fat will do you harm.
「する」という動詞do の後に、you（君に）と名詞の harm（害）をつけ加えて、「〜に、〜を 」という語順の SVOO の文型を作ります。「役に立つ」時は do–good を使います。

● 「彼は窓を開けたままにしておいた。」
　□ He left the window open.
「放っておく」という動詞leave の後に、まず目的語the widow を置きます。その後にその様子を伝える（つまり be動詞でつながる）open（ここでは形容詞です）を続ける SVOC文型です。「閉めたまま」なら open の代わりに closed を使います。

● 「彼女はネットで買い物をするのは便利だと感じた。」
　□ She found it convenient to do shopping on the Net.
形式目的語it を用いて「それが便利と感じる」（find it convenient）という SVOC の文型を作ります。その後に it の内容を伝える不定詞部分（to do）を続けます。

> #### さらに One Point
> 5文型の中で形をとりそこねてしまいがちなのは、やはり第5文型です。以下の単語が出た場合は、その後が SVOC になっている可能性がありますので要注意です。
> 　find（わかる）　think（思う）　consider（考える）　make（する）
> 　keep（しておく）　leave（放っておく）　name（名づける）
> 　call（呼ぶ）

高校編 5―基本形・発展編

文法を使ってみよう！　　　　　　　　　　CD 42

● **CHECK ONE**：下の英文が理解できるか **Check**！

- ☐1　I grew up in London.
- ☐2　There used to be a railway station.
- ☐3　My brother remained single.
- ☐4　My dream has come true.
- ☐5　He always keeps quiet.
- ☐6　She resembles her mother.
- ☐7　Exercise will do you good.
- ☐8　Would you bring me a glass of water?
- ☐9　He often leaves the door open.
- ☐10　I think it impossible to read the book in a day.

(2) used to「かつて」　　(4) come true「実現する」
(9) open「開いている」　形容詞　　(10) impossible「不可能な」

● **CHECK THREE**：文法ポイントを身につけたか　最終**Check**！

疑問を残さないために再確認
- ☐1　He works with me. がなぜ第1文型なのか？
- ☐2　She looks fine. がなぜ第2文型なのか？
- ☐3　CとOはどこが違うのか？
- ☐4　形式主語と形式目的語の違いは？

● **CHECK TWO**：←下の日本文を英文にできるか **Check**！

☐1　私はロンドンで育った。　　　　　　　　　　　（SV）

☐2　かつて鉄道の駅があった。

☐3　兄は独身のままだった。　　　　　　　　　　　（SVC）

☐4　私の夢が実現した。

☐5　彼はいつも静かにしている。

☐6　彼女は母親に似ている。　　　　　　　　　　　（SVO）

☐7　運動はあなたのためになる。　　　　　　　　　（SVOO）

☐8　私に一杯水を持ってきてくれますか。

☐9　彼はよくドアを開けっ放しにしている。　　　　（SVOC）

☐10　一日でその本を読むのは不可能だと思う。

高校編 5 ― 基本形・発展編

1　with me は省略できるもの(つまり修飾部)なので、O や C ではない。
2　動詞の looks を is に置き換えることができるため。
3　前の単語との間に be 動詞を入れて成り立てば C、そうでなければ O。
4　共に後の内容を示す it だが、S の位置にあるか、O の位置にあるかで異なる。

UNIT 42 群動詞

中学編 ②、⑬ を発展させてみよう！

| 中学：I get up at seven. | （私は7時に起きる） |
| 高校：We got off the train. | （私達はその列車を降りた） |

● 動詞に副詞などを加え1語の動詞扱いするものを群動詞と言います。上の例文の get up もそのひとつです。
　get up は、go to bed などと一緒に学んだと思います。go to bed が「寝る」というのはわかるのですが、なぜ get up は「起きる」なのでしょうか。

● これは群動詞の「どこを見るか」ということと関わりがあります。「get の群動詞」と考えるとわかりにくいと思います。なぜなら get は「なる」としか語ってくれないからです。しかし、「up の群動詞」と見ればどうでしょうか。up「上がる」。つまり体を起こすというイメージが浮かびます。

● up を他の単語に変えて、いろいろ get につけてみましょう。

on「接」　→　get on「乗る」
off「離」　→　get off「降りる」
through「通」　→　get through「終える」
down「下」　→　get down「かがむ」
to「達」　→　get to「着く」

● on / off は、スイッチからもわかるように基本イメージは「接」/「離」なので、次の群動詞も理解できると思います。
　　put on　　「着る」（服を体に接触させる）
　　take off　「脱ぐ」（服を体から離す）

🎵 CD 43

表現力をアップさせよう！

● **on「接する」：call on（訪れる）**
　□ I'm going to call on my uncle tomorrow.
　　　　　　　　　　　　（明日叔父を訪問するつもりだ）

● **off「離れる」：call off（中止する）**
　□ We called off the meeting.　　（私達はその会議を中止した）

● **through「通り抜ける」：go through（経験する）**
　□ I went through many things.　　（多くのことを経験した）

● **up「上へ」：bring up（育てる）**
　□ We will bring up the child.　　（私達がその子供を育てます）

● **down「下へ」：let down（失望させる）**
　□ I won't let you down.　　（あなたを失望させることはない）

● **over「越える」：get over（回復する）**
　□ She got over the shock.（彼女はそのショックから立ち直った）

● **into「中へ」：look into（調査する）**
　□ They looked into the murder case.
　　　　　　　　　　　　（彼らはその殺人事件を調査した）

Take a closer look !
今回の文法は、こうして使う！

前ページの基本イメージに沿った新たな群動詞を紹介します。

◐「テレビのスイッチを入れてください。」
　□ Turn on the TV, please.

スイッチを入れるのは、まさに「接触」、そこで on を使います。変化を表す turn と組み合わせて turn on「スイッチを入れる」となります。「スイッチを切る」時は turn off。

◐「芝生に入らないで。」
　□ Keep off the grass.

「入らない」は基本イメージ「離れる」の off で問題ないでしょう。離れた状態を維持するということで、共に使う動詞は keep です。keep off「近づかない」。

◐「私は娘を空港で見送った。」
　□ I saw my daughter off at the airport.

「見送る」も「離れる」が基本イメージの off を使います。「離れていくのを見る」ということで、see-off「見送る」。

◐「彼はその計画をやり遂げた。」
　□ He carried through the project.

「通り抜ける」が基本イメージの through を使って、「やり遂げる」という表現を作ります。伴わせる動詞は物事を動かす carry です。carry through「やり遂げる」。

● 「ようやく彼はその会議に現れた。」
　□ He finally showed up at the meeting.
ゲームセンターにあるモグラたたきのモグラをイメージすると、「現れる」と up がつながると思います。姿を見せる show と共に使います。show up「現れる」。 turn up も同義です。

● 「駅まで君を車で迎えに行きます。」
　□ I will pick you up at the station.
物を拾い上げるように、人を車で拾うということで pick up です。up のイメージは容易に捉えられると思います。 pick up「車で迎えに行く」。

● 「まず、君は落ち着かなければならない。」
　□ First, you have to calm down.
「冷静な」という意味の形容詞でよく用いられる calm を動詞扱いにして、down「下へ」と組み合わせることで「落ち着く」という意味を作ります。calm down 「落ち着く」。

● 「彼が父親の仕事を引き継ぐ予定である。」
　□ He is going to take over his father's business.
境界あるいは世代を越えて（over）仕事をとる（take）ということで、take over「引き継ぐ」。

> **さらに One Point**
>
> 3語からなる群動詞が出てきても、形を揃えてノートなどにまとめておくと効率よく覚えることができます。例えば make (　) of と書いて、
> 　use「利用する」　fun「からかう」　light「軽視する」　sense「理解する」
> と並べておくと、うまく整理できます。

高校編 5 ― 基本形・発展編

文法を使ってみよう！　　　　　　　　　　　　CD 44

● **CHECK ONE**：下の英文が理解できるか **Check**！

☐1　We got off the train at Shinjuku.

☐2　You have to take off your hat here.

☐3　The game was called off because of the rain.

☐4　I was going to pick up my wife.

☐5　Jane didn't show up after all.

☐6　It was so cold that I put on a sweater .

☐7　He went through various things before he succeeded.

☐8　I brought up three children.

☐9　Will you turn off the radio?

☐10　How can I calm down?

(5) after all「結局」　(7) succeed「成功する」

● **CHECK THREE**：文法ポイントを身につけたか　最終**Check**！

疑問を残さないために再確認
☐1　群動詞とは何か？
☐2　off を使うと一般にどういう意味を表すか？
☐3　off と意味が対照的なものは？
☐4　get (　)。中に to、through、over を入れると意味はどう変わるか？

● **CHECK TWO**：←下の日本文を英文にできるか **Check**！

☐1　私達は新宿で列車を降りた。

☐2　君はここでは帽子を脱がなければならない。

☐3　その試合は雨のために中止された。

☐4　私は妻を車で迎えに行く予定にしていた。

☐5　結局ジェインは現れなかった。

☐6　とても寒かったので私はセーターを着た。

☐7　彼は成功するまで様々なことを経験した。

☐8　私は3人の子供を育てた。

☐9　ラジオのスイッチを切ってくれますか。

☐10　どうして冷静になれますか。

高校編 5 ― 基本形・発展編

1　基本的な動詞に前置詞や副詞をつけて一語の動詞扱いをするもの。
2　「離す」。例として、put off「延期する」call off「中止する」。
3　on。「接する」を表していて go on、keep on は共に「続く」。
4　to「着く」　through「終える」　over「回復する」。

UNIT 43 助動詞

中学編 17 を発展させてみよう！

> 中学：She may be right. 　　　　　（彼女は正しいかもしれない）
> 高校：She may have been right.
> 　　　　　　　　　　　　　　（彼女は正しかったのかもしれない）

● 助動詞は、動詞に「可能性」を加えるもので、形は助動詞＋原形でした。発展レベルでは「過去」という話題で助動詞を考えます。
ちなみに will、may、can の過去形は would、might、could です。

● I think that he will do it. 　　　　　（彼がそれをすると思う）
これを thought にすると、that の中の時制も影響を受けます（これを時制の一致と言います）。

> I thought that he would do it. (彼がそれをすると思った)

● 助動詞の過去形を現在時制で使って、可能性の低さを表現できます。これは丁寧な依頼にも用いられます。
　　He might know it. 　　（彼がそれを知っているかもしれない）
　　Could you pass me the salt? 　　（塩をとっていただけますか）

● 過去の内容を推測する場合も助動詞が使われます。
過去の話ですから、そこで用いられる動詞は過去形にしたくなりますが、助動詞の後は原形という形の制約があります。つまり「意味」と「形」の両立できないという問題が生まれます。このような場合は完了形を持ち出すことで解決できます。

> He may have known the truth.
>   （彼はその事実を知っていたかもしれない）

これなら過去の時間の情報も含み、助動詞の後は原形になっています。

🎵 CD 45

表現力をアップさせよう！

● **should have done** （すべきだったのに）
　□ I should have followed his advice.
　　　　　　　　　　　　　　　　（彼の助言に従うべきだった）
　　この形は他に　must have done　　　　（したに違いない）
　　　　　　　　 cannot have done　　　　（したはずがない）
　　　　　　　　 needn't have done　　（する必要はなかったのに）

● **used to** （かつて〜だった）
　□ There used to be a big tree.　　（かつて大きな木があった）

● **would rather** （むしろ〜したい）（否定は **would rather not**）
　□ I would rather stay home tonight.　（今夜はむしろ家にいたい）

● **had better** （〜した方がよい）　（否定は **had better not**）
　□ You had better not go out today.　（今日は外出しない方がよい）

● **may well** （〜するのも、もっとも） / **may as well** （してもよい）
　□ You may well be angry.　　　　（君が怒るのももっともだ）

● **can't help -ing / can't help but**「〜せざるをえない」
　□ I can't help accepting it.　　（それは受け入れざるをえない）

高校編 5 — 基本形・発展編

Take a closer look !
今回の文法は、こうして使う！

● 「彼がそのパーティーに来るかもしれないと思った。」
　☐ I thought that he might come to the party.

「かもしれない」で助動詞 may を使いたいところですが、thought「思った」に対する時制の一致を考えて、may の代わりに過去形の might を使います。

● 「すみません。このコピー機の使い方を教えていただけますか。」
　☐ Excuse me. Could you tell me how to use this copy machine?

丁寧な依頼をする時は、would や could の過去形の助動詞を使って遠まわしな言い方をします。友達同士なら can も使えます。

● 「昨夜、彼女に電話すべきだった。」
　☐ I should have called her last night.

「すべき」ですから should を使うことになります。よって次に続く動詞は原形ですが、「だった」という部分で過去の話題を持ち出すので完了形を後に続けます。

● 「トムがそのコップを割ったに違いない。」
　☐ Tom must have broken the glass.

「違いない」ですから must を使いますが、過去の話題なのでここでも完了形を続けます。

● 「この場所は、かつては森だった。」
　☐ This place used to be a forest.

過去の話題ですから過去形が使えますが、「今は違う」ということを強調するために used to を用います。

● 「具合が悪いのなら、医者に診てもらった方がよい。」
　□ If you feel sick, you had better see a doctor.

普通のアドバイスなら should が一般的です。You を主語に had better を使う時は相手に強く促す場合です。

● 「危険かもしれないが、むしろひとりで行ってみたい。」
　□ It might be dangerous, but I would rather go by myself.

意志を表す will を would にして柔らかくし、さらに「むしろ」という rather をつけた表現が would rather です。

● 「彼は、明日私達がここに来ることを提案した。」
　□ He suggested that we be here tomorrow.

提案や要求を告げる時、その内容はまだ実現していないので助動詞が必要です。その時should が適当ですが、米語では一般的に should が省略され原形となります。他に「要求する」(demand)、「提案する」(propose)などがこの形になります。

高校編 5 — 基本形・発展編

さらに One Point

need は助動詞と動詞の両方があるので、注意が必要です。もっとも助動詞として使われるのは否定文の時が多いので、否定文で見比べておきましょう。
　（動詞）　前に don't をつけて否定文。そしてその後は、準動詞(to～)。
　　　You don't need to do this.
　（助動詞）　後に not をつけて否定文。そしてその後は、動詞の原形。
　　　You need not do this.

文法を使ってみよう！   CD 46

● CHECK ONE：下の英文が理解できるか Check！

☐1　Would you be quiet, please?

☐2　She might be tired.

☐3　He used to be rich.

☐4　You ought to contact him.　　　　　　(= should)

☐5　You should have left earlier.

☐6　Somebody must have helped her.

☐7　He cannot have done such a thing.

☐8　I would rather not go out today.

☐9　I can't help but give up the plan.

☐10　Her boss demanded that she explain the reason.

(4) ought to は should と同義です
(10) 要求や提案の should 省略のため explain が原形

● CHECK THREE：文法ポイントを身につけたか　最終Check！

疑問を残さないために再確認
☐1　助動詞は何のためにあるのか？
☐2　助動詞の後が完了形になるのはどんな場合？
☐3　2の場合、なぜ完了形を使うのか？
☐4　had better や would rather は、どうやって否定を作るのか？

● **CHECK TWO**：←下の日本文を英文にできるか **Check**！

- [ ] 1 　静かにしてくれますか。
- [ ] 2 　彼女は疲れているのかもしれない。
- [ ] 3 　彼はかつてお金持ちだった。
- [ ] 4 　彼に連絡をとるべきだ。
- [ ] 5 　君はもっと早く出発すべきだったのに。
- [ ] 6 　誰かが彼女を手伝ったに違いない。
- [ ] 7 　彼がそんなことをしたはずがない。
- [ ] 8 　今日はむしろ外出したくない。
- [ ] 9 　その計画はあきらめざるをえない。
- [ ] 10　彼女の上司は彼女がその理由を説明することを要求した。

高校編 5 ― 基本形・発展編

1 動詞に可能性の意味を加えるため。未来形もその一例。
2 過去の内容を伝える時。
3 助動詞の後は原形のため、過去の内容については過去形ではなく have から始まる完了形にする。
4 had better not、would rather not のように最後に not をつける。

UNIT 44 前置詞

中学編 5 を発展させてみよう！

> 中学：I'm from Okinawa. 　　　　　　（私は沖縄出身です）
> 高校：The snow kept me from going out.
> 　　　　　　　　　　　（その雪のため外出できなかった）

● 上の例を見ると、be from（〜出身）と keep – from（妨げる）で共に from が使われています。まず、この from を例にとり、前置詞に対するアプローチを学びましょう。

　これら2つの from は別の意味を持つように見えますが、共に基本イメージ「離」に基づいています。「出身」はわかりやすいと思います。「妨げる」も me と go (ing) out を引き離すことを意味しています。他にも、

> He refrains from drinking 　　　（彼は酒を飲むのを慎んでいる）
> We stopped him from drinking（私達は彼に酒を飲むのをやめさせた）

● また「離」のイメージにつながるものとして of があります。基本イメージ「源」より、「属する」という意味で用いられますが、元は「水源」のようにそこから「出てくる」という「分離」です（of は語源的に off とつながっています）。

　　She is independent of her parents.
　　　　　　　　　　　　　（彼女は両親から独立している）

independent を dependent（依存している）に変えるなら、離れていないので前置詞も変える必要があります。

　　She is dependent on her parents.　（彼女は両親に依存している）

このように、基本イメージが「接」の on を使います。
＊前置詞の基本イメージについては、高校編最終のページを参照してください。

CD 47

表現力をアップさせよう！

- **at**「点」
  - □ What is he aiming at? 　　　　（彼は何をねらっているのか）

- **by**「近」
  - □ He is taller than me by 3cm. 　（彼は私より3cm背が高い）
  - □ I used his umbrella by mistake. 　（間違って彼の傘を使った）
  - ＊「近く」→「差」。「近くを通って」→「経由・手段」。

- **beyond**「越」
  - □ The theory is beyond me. 　（その理論は私の手に負えない）

- **within**「内」
  - □ You have to do this within a week.
    　　　　　　（君は1週間以内に、これをしなくてはならない）

- **for**「向」
  - □ The train is bound for Hakata. 　（その列車は博多行きです）
  - □ I'll stay with my uncle for a week.
    　　　　　　（私は1週間叔父のところに泊まります）
  - ＊「向かう（までの時間）」→「期間」

高校編 5 ― 基本形・発展編

Take a closer look !
今回の文法は、こうして使う！

● 「このセーターとあれとはサイズが異なる。」
　☐ This sweater differs from that one in size.
違いを伝えるためには、「離」のイメージの前置詞が似合います。そこで「異なる」differ には from の組み合わせです。また「サイズにおいて」は、範囲を示す in が用いられています。

● 「彼らはその道路の雪を取り除いた。」
　☐ They cleared the street of the snow.
「分離」を表す of を用いますが、語順が大切です。まず「道路」を目的語として置き、その後に、分離する「雪」を置きます。「奪う」という意味の deprive – of や rob – of も同じ語順です。

● 「この写真は私に、その旅行について思い出させる。」
　☐ This picture reminds me of the trip.
of を about（〜について）と同様の意味で用いることがあります。talk、hear、know などの後につけ、「〜について」という意味を表します。

● 「彼女は赤い服を着ていた。」
　☐ She was dressed in red.
「着ている」という状態は、体が衣類の中に入っているので基本イメージ「中」の in が似合います。ただし、「着る」という行為になれば、「体の上に置く」という発想で、put on です。

● 「不注意な運転は重大な事故につながりかねない。」
　☐ Careless driving can lead to a serious accident.
「〜につながる」は、まさに到達イメージなので、用いられる前置詞は、基本イメージが「達」の to です。

● 「私はスイッチを手探りで探していた。」
　□ I was feeling for the switch.
「探す」と言えば、まず look for が思い浮かびますが、それは目を使うことが前提です。暗闇の中で、感触で何かに向かうわけですから、feel と for の組み合わせになります。

● 「彼女は足を組んで座っていた。」
　□ She was sitting with her legs crossed.
何かある状況を伴う形で、付帯状況と呼ばれるものです。with ＋名詞で「付帯するもの」を紹介し、「その状況を伝える」ために be 動詞でつながる形をつけ加えます。上の例では legs (are) crossed。受身関係なので過去分詞です。

● 「彼はラジオをつけたまま勉強していた。」
　□ He was studying with the radio on.
前の例と同様の形です。「ラジオのスイッチが入っている」状況は、The radio is on なので、with the radio の後に on をつけ加えます。

高校編 5 ― 基本形・発展編

さらに One Point

群動詞と同様、前置詞にも2語以上集まって機能するものがあります。これも形を揃えておくと便利です。in (　　) of を例にとってみましょう。
　spite「〜にもかかわらず」　terms「〜の点で」　charge「〜を担当して」　favor「〜を好んで」　case「〜の場合」　search「〜を求めて」

文法を使ってみよう！　　　　　　　　　　　CD 48

● CHECK ONE：下の英文が理解できるか Check！

☐1　We prevented him from spending the money.

☐2　I will inform you of the result.

☐3　A young man robbed her of her bag.

☐4　He was thinking with his eyes closed.

☐5　They were standing just behind us.

☐6　I'll have to get home by 7 tomorrow.

☐7　Please return this book within a week.

☐8　He concentrated on his job.

☐9　Are you for or against the plan?

☐10　This is the key to the door.

(1) prevent – from「妨げる」　(5) behind「～の後ろ」　(6) by「までに」
(8) on は「継続イメージ」でよく用いられる　(9) for or against「賛成か反対」
(10)「到達」イメージの to

● CHECK THREE：文法ポイントを身につけたか　最終Check！

疑問を残さないために再確認

☐1　keep – from が「妨げる」という意味になる理由は？

☐2　independent（独立している）の後に of を使う理由は？

☐3　at seven in the morning（午前7時）での前置詞選択の理由は？

☐4　within の対照的な前置詞は？

● CHECK TWO：←下の日本文を英文にできるか Check！

☐1　私達は彼がそのお金を使うのを防いだ。
☐2　君にその結果について知らせます。
☐3　若い男が彼女からバッグを奪った。
☐4　彼は目を閉じて考えていた。
☐5　彼らは私達のすぐ後ろに立っていた。
☐6　明日は7時までに帰宅しなければならない。
☐7　この本は1週間以内に返してください。
☐8　彼は自分の仕事に集中していた。
☐9　君はその計画に賛成ですか、それとも反対ですか。
☐10　これが、そのドアのカギだ。

高校編 5 ― 基本形・発展編

1 from の基本イメージ「離れる」に基づいて、人と行為を離すため。
2 of が（off に通じる）分離を表すため。from を使うこともできる。
3 一点を表す at、範囲を表す in が用いられている。
4 beyond（範囲外）– within（範囲内）。

UNIT 45 代名詞・否定

中学編 9 を発展させてみよう！

中学：All of us like music. （私達はみんな音楽が好きだ）
高校：Not all of us like music.
（私達は、みんな音楽が好きというわけではない）

● まず、代名詞の中でわかりにくい other「他」の区別をします。これから区別するのは、another、others、the other、the others です。まず基本となるの単語は other ですが、単数なら another（an+other）、複数なら others です。そして「残りすべて」については、the をつけます。

		残りすべて
単数	another	the other
複数	others	the others

I will take another. （私は別のものにします）
One is from America and the others are from Canada.
（一人はアメリカ出身で残りはカナダ出身だ）

● 次に all（すべて）、both（両方）、any（どんなもの）、either（どちらか一方）ですが、発展レベルでは、これらの否定表現が話題となります。

数	部分否定 （すべて～というわけではない）	全否定 （すべて～ではない）
3以上	not all	not any、none
2	not both	not either、neither

Not all of them joined the club.
　　　　　（彼ら全員がそのクラブに加入したわけではない）
She didn't choose either of them.
　　　　　（彼女は、それらのどちらも選ばなかった）

● 「ほとんど〜ない」という意味の準否定と呼ばれるものもあります。
I can hardly (scarcely) see it.
　　　　　（ほとんどそれを見ることができない）
他に seldom、rarely（めったにない）。

CD 49

表現力をアップさせよう！

● **A is one thing , and B is another（A と B は別物）**
□ Knowing is one thing, and teaching is quite another.
　　　　　（知っていることと教えることは、まったく別物だ）

● **Some A , and others B（A もいれば、B もいる）**
□ Some like English, and others like math.
　　　　　（英語が好きな者もいれば、数学が好きな者もいる）

● 反復を避ける that（the + 名詞に相当）
□ The population of America is larger than that of Japan.
　　　　　（アメリカの人口は日本の人口より多い）

● 人々を表す those
□ Those present agreed to the proposal.（present：出席している）
　　　　　（出席者達はその提案に賛成した）

● **rarely / seldom（めったにない）**
□ Our team seldom wins a game.
　　　　　（我々のチームが試合に勝つことはめったにない）

Take a closer look !
今回の文法は、こうして使う！

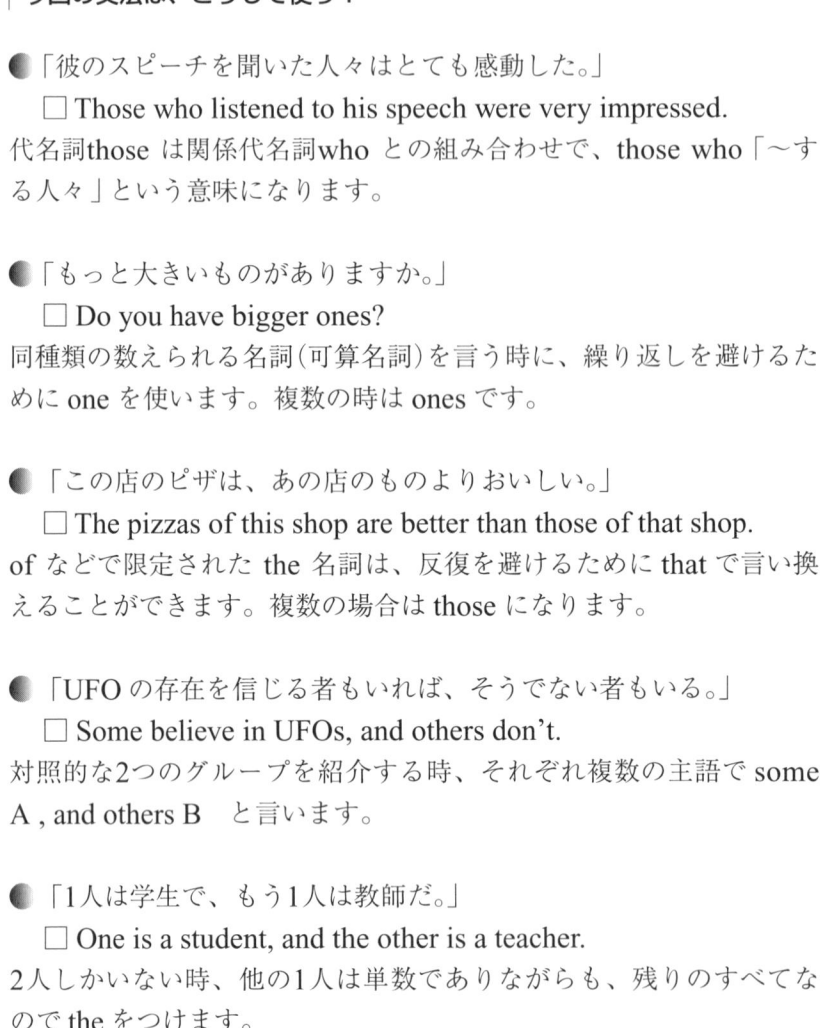

● 「彼のスピーチを聞いた人々はとても感動した。」
　□ Those who listened to his speech were very impressed.
代名詞those は関係代名詞who との組み合わせで、those who「〜する人々」という意味になります。

● 「もっと大きいものがありますか。」
　□ Do you have bigger ones?
同種類の数えられる名詞（可算名詞）を言う時に、繰り返しを避けるために one を使います。複数の時は ones です。

● 「この店のピザは、あの店のものよりおいしい。」
　□ The pizzas of this shop are better than those of that shop.
of などで限定された the 名詞は、反復を避けるために that で言い換えることができます。複数の場合は those になります。

● 「UFO の存在を信じる者もいれば、そうでない者もいる。」
　□ Some believe in UFOs, and others don't.
対照的な2つのグループを紹介する時、それぞれ複数の主語で some A , and others B　と言います。

● 「1人は学生で、もう1人は教師だ。」
　□ One is a student, and the other is a teacher.
2人しかいない時、他の1人は単数でありながらも、残りのすべてなので the をつけます。

● 「私は、君の作文の中にかなりたくさんの間違いを見つけた。」
　□ I found quite a few mistakes in your composition.
これは、間違いやすいのですが、quite a few で「かなりたくさん」という意味です。理解しやすい not a few と同義です。数えられないものには、few の代わりに little を使います。

● 「私達の中で彼の提案を気に入ったものは、一人もいなかった。」
　□ None of us liked his suggestion.
「一人もいない」には none を使います。ただし、それは3人以上の場合です。2人を対象とするときは neither です。

● 「この質問は決して簡単ではない。」
　□ This question is anything but easy.
否定語以外で否定表現を作る例です。but は「以外」、anything は「どんなもの」、この2つを組み合わせて「〜以外ならどんなものでも」ということから、anything but「決して〜でない」という意味です。nothing but であれば、逆に「〜そのもの」になります。

さらに One Point

上記の anything but 以外にも、否定語を用いない否定表現があります。
This is far from perfect.　　　　　　（これは完璧どころではない）
She failed to show up.　　　　　　　（彼女は現れなかった）
The air is free from pollution.
　　　　　　　　　（空気は汚れていない：pollution「汚染」）
You are the last person I expected to see here.
　　（君にここで会うなんて、思ってもみなかった：expect「予期する」）

文法を使ってみよう！　　　　　　　　　　CD 50

● **CHECK ONE**：下の英文が理解できるか **Check**！

☐1　One was made in China, and the other in Vietnam.

☐2　Some like animals, and others like plants.

☐3　Anything will do.

☐4　That's none of your business.

☐5　One is married, and the others are not.

☐6　Please show me some others.

☐7　Not everyone is happy about it.

☐8　Neither of these answers is correct.

☐9　He seldom follows my advice.

☐10　We had little time to think.

(3) will do「役立つ」　(4) 会話表現

● **CHECK THREE**：文法ポイントを身につけたか　最終**Check**！

疑問を残さないために再確認
☐1　the other / the others の the は何を表しているか？
☐2　none と neither はどう違うか？
☐3　those の「それら」以外の重要な意味は？
☐4　「ほとんどない」の few と little は、どう使い分ければよいか？

● **CHECK TWO**：←下の日本文を英文にできるか **Check**！

☐1　一方は中国製で、もう一方はベトナム製だった。

☐2　動物が好きな人もいれば植物が好きな人もいる。

☐3　どんなものでもかまわない。

☐4　それは君には関係のないことだ。

☐5　一人は結婚していて、残りはみんなしていない。

☐6　いくつか他のものを私に見せてください。

☐7　みんながそれを喜んでいるわけではない。

☐8　これらの答えのどちらも正しくない。

☐9　彼はめったに私の助言に従わない。

☐10　私達は考える時間はほとんどなかった。

高校編 5 ― 基本形・発展編

1　残りすべて。まだ他にある場合は、another や others を使う。
2　none は3つ以上、neither は2つのものので使う。
3　人々。例えば those present「出席者」 those concerned「関係者」。
4　few は数えられるもの(pen など)、little は数えられないもの(water など)で使う。

UNIT 46 比較

中学編 22、23 を発展させてみよう！

中学：He is the tallest of the three.
　　　　　　　　　（彼は、その３人のうちで一番背が高い）
高校：He is the taller of the two.
　　　　　　　　　（彼は、その２人のうちの背の高い方だ）

● 中学編で、tall – taller（比較級）– tallest（最上級）という形を学びました。基本的にこれを越えるルールはありません。
発展的内容として比較級の前の単語に注目します。

● まず、比較級の前の the。
　She is the older of the two.（彼女はその２人のうちの年上の方だ）
中学レベルでは、最上級に the でした。「２人」の時は、比較級に the です。最上級に the をつけたのはある一人を特定できるからです。２人なら、比較級で一人を特定できます。だから the が必要です。

● 次に話題となるのは比較級の前の程度を示す単語です。
The test was much more difficult than the last one.
　　　　　　　　（そのテストは前回よりはるかに難しかった）
この much は程度を表していますが、no に変えると no more「ゼロほど多い」となり「同じ」になります。そして no more は「少ない」ことを、no less は「多い」ことを強調します。

The test was no more difficult than the last one.
　　　　　　　（そのテストは前回同様、難しくなかった）
　　　　　no less difficult　　（前回と同じくらい難しかった）

● 数字の前に no more（less）than と3単語並ぶものもあります。理屈は上と同じです。

少ないことを強調：　　no more than 1,000 yen　　（1000円だけ）
多いことを強調：　　　no less than 1,000 yen　　　（1000円も）

　　　　　　　　　　　　　　　　　　　　　　　CD 51

表現力をアップさせよう！

● **not so much A as B**
　□ She is not so much a teacher as a researcher.
　　　　　　　　　　　　　　（彼女は教師と言うより研究者だ）

● **The 比較級, the 比較級（～すればするほど、～）**
　□ The higher you go up, the colder it becomes.
　　　　　　　　　　　　　　（上へ行けば行くほど寒くなる）

● **all the 比較級 for（～でより一層～）**
　□ I like her all the more for her kindness.
　　　　　　　　　　　　　　（親切なので、より一層彼女が好きだ）
　*「その分ほど」という感覚で the を捉えてください。

● **at (the) most（多くとも）/ at (the) least（少なくとも）**
　□ There were at most 20 people.
　　　　　　　　　　　　　（多くとも20人の人しかいなかった）
　* at は一点を示す前置詞なので最上級と相性がよい。

● **make the most of（最大限利用する）**
　□ You should make the most of this great opportunity.
　　　　　　　　（君は、この素晴らしい機会を最大限利用すべきだ）

Take a closer look !
今回の文法は、こうして使う！

● 「500人もの人がそこに集まった。」
　□ As many as 500 people gathered there.
as – as という形で強調表現ができます。距離なら far を使って as far as Canada なら「はるばるカナダまで」という意味です。ここは数の強調なので as many as とします。

● 「人が多いほど楽しいよ。」
　□ The more, the merrier.
「その分ほど余計に」という時の the 比較級を、両方に配した表現で、「～するほど～」という the 比較級、the 比較級です。また上の表現は人が集まる時の決まり文句です。

● 「私は、正直さゆえにより一層彼のことが好きだ。」
　□ I like him all the better because he is honest.
「より一層」を意味する the 比較級です。強調の all をつけることが多く、all the better という形になります。理由を SV で言う時は because を使います。

● 「彼は教師というよりは研究者だ。」
　□ He is more a researcher than a teacher.
程度を比較するのではなく、名詞（あるいは形容詞）を比べ、一方の方がぴったり合うという時に more – than を使います。

● 「私が家を出てすぐに雨が降り始めた。」
　□ No sooner had I left home than it began raining.
同時に起こった2つの事柄を言うために、no sooner – than を使います。ただし、少しでも先に起こった方は、過去完了形、他方は過去形とします。hardly – when – も同様の表現です。（これは倒置文）

● 「君は、そんなものを買わないくらいの分別を持つべきだ。」
　□ You should know better than to buy such a thing.

「物事がよりよくわかっている」という意味を know better で表します。than の後ろは to～です。know better than (to～)「～するより分別がある」は成句として覚えましょう。

● 「私の知る限りでは、オースティンが一番頭がよい。」
　□ To the best of my knowledge, Austin is the smartest.

「知識を最大限まで発揮する」ということで到達を表す to を使った、to the best of one's knowledge「～の知る限り」です。As far as I know とも言えます。

● 「これを終わらせるには少なくとも2時間必要だ。」
　□ I need at least 2 hours to finish this.

「最も少ない点で」と考えて at (the) least を使います。同様に at (the) best「良くても」　at (the) worst「悪くても」があります。

高校編 5 ― 基本形・発展編

―　さらに **One Point** ―

ill(病気の)の比較級は何でしょうか。もともと「悪い」という意味なので ill-natured「悪い性格の」や speak ill of「悪口を言う」などの表現があるのですが、その比較級／最上級は bad「悪い」と同じです。

　　　　　　　　　bad / ill － worse － worst
ちなみに「良い」方は、　good / well － better － best

文法を使ってみよう！　　　　　　　　　　　　　CD 52

● CHECK ONE：下の英文が理解できるか Check !

- ☐1　Tom is the taller of the two.
- ☐2　The sooner, the better.
- ☐3　The story is getting more and more interesting.
- ☐4　I feel all the better because I slept a lot.
- ☐5　Chinese is no less difficult than Japanese.
- ☐6　It takes no more than one hour.
- ☐7　We had to answer no less than 50 questions .
- ☐8　You should read at least one book a month.
- ☐9　She cannot speak English, much less French.
- ☐10　He is superior to me in math.

---

(3) more and more「ますます」 (9) much (still) less「なおさら」 否定の後
(10) be superior (inferior) to~「~より優れている(劣っている)」

● CHECK THREE：文法ポイントを身につけたか 最終Check !

疑問を残さないために再確認
- ☐1　「比較」は基本的に中学編と変わらないと言える理由は？
- ☐2　She is the taller of the (　　　). 中に入る数は？
- ☐3　no more than と no less than の違いは？
- ☐4　more a teacher とは、どういう意味か？

● **CHECK TWO**：←下の日本文を英文にできるか **Check**！

☐1　トムは2人のうちの背の高い方だ。

☐2　早ければ早いほどよい。

☐3　その話はますます面白くなっている。

☐4　たくさん寝たので、より一層気分がよい。

☐5　中国語は日本語に劣らず難しい。

☐6　1時間しかかからない。

☐7　私達は50もの質問に答えなくてはならなかった。

☐8　君は少なくとも月に一冊は本を読むべきだ。

☐9　彼女は英語を話せない、フランス語はなおさらだ。

☐10　彼は数学で私より優れている。

高校編 5 ― 基本形・発展編

1　理屈が tall – taller – tallest しかない。
2　two。「2者のうちで」と言う時は比較級に the をつける。
3　no more than は「少ない」こと、no less than は「多い」ことを強調。
4　more A than B で「B というよりは A」という意味。

Part 5 (41)〜(46) SELF-CHECK

☐(41) O（目的語）と C（補語）の区別ができる。

☐ 　　　形式目的語を知っている。

☐(42) なぜ get up は「起きる」なのか説明できる。

☐ 　　　off のついた群動詞を言える。

☐(43) 助動詞の過去形を、現在時制で使う理由を説明できる。

☐ 　　　助動詞＋完了形をいつ使うか知っている。

☐(44) from の基本イメージを知っている。

☐ 　　　on と off の使い分けを説明できる。

☐(45) other系の単語の区別ができる。

☐ 　　　全否定、部分否定、準否定の違いを説明できる。

☐(46) 比較級に the をつける場合を言える。

☐ 　　　no more than と no less than の区別ができる。

Part 5では、動詞を追加する以前の内容について詳しく見てきました。

Part 6では、動詞部分に準動詞を使う発展内容を扱います。

高校編

Part 6

準動詞アプローチ：発展編(1)

UNIT 47 | be – to

中学編 27 を発展させてみよう！

中学：He is going to call her.　　　（彼は彼女に電話するつもりだ）
高校：He is likely to succeed.　　　　　　（彼は成功しそうだ）

● 中学編で、be going to（つもり、しそう）を扱いました。
　　I'm going to visit Australia.
　　　　　　　　（私はオーストラリアを訪れるつもりだ）
この going を他の単語に置き換えると、発展的内容になります。
例えば、about（動作の周辺）で、be about to（〜するところ）。
　　She was about to leave the office.
　　　　　　　　　　（彼女は会社を出るところだった）

●「言われている」もこのような形になっています。
　　She is said to be rich.　　（彼女はお金持ちだと言われている）
これが「お金持ちだった」であれば、どうなるでしょう。
これには助動詞（UNIT 43）同様、完了による解決を行います。
　　She is said to have been rich.
このように（不定詞に限らず）準動詞の内容を過去にしたい時は完了形を使います。

● 最後に、中学編で紹介した be going to と will の違いについて説明しておきます。予定を表す be going to に対して、will はその場で決めたことに使えます。
例えば、買い物で「じゃあ買います」と言う場合は、I'll take it.
ここで be going to は使えません。

表現力をアップさせよう！

● **be likely to do**（〜しそう）
　☐ It is likely to rain tonight.　　　　　　（今夜は雨が降りそうだ）

● **be sure to do / be certain to do**（きっと〜）
　☐ They are sure to succeed in the business.
　　　　　　　　　　　　　　　　（彼らはきっとその事業に成功する）

● **be willing to do**（喜んで〜）
　☐ We are willing to do the job.
　　　　　　　　　　　　　　　　（私達は喜んで、その仕事を行います）

● **be supposed to do**（〜するはず）
　☐ He is supposed to be here by 6.
　　　　　　　　　　（彼は6時までにここに来ることになっている）

● **be free to do**（自由に〜できる）
　☐ You are free to borrow any books.
　　　　　　　　　　　　　　　　（君はどの本も自由に借りられる）

● **be forced to do / be obliged to do**（〜せざるをえない）
　☐ I was forced to give up his plan.
　　　　　　　　　　　　　　（彼の立てた案は諦めざるをえなかった）

● **be to do**（予定である）
　☐ The book is to be published this month.
　　　　　　　　　　　　　　　　　　（その本は今月出版予定だ）
　＊意味を限定する単語がないので、can や should のようにも使えます。

Take a closer look !
今回の文法は、こうして使う！

● 「残念だが彼は失敗する可能性が高いと思う。」
　□ I am afraid that he is likely to fail.
今回は何と言っても be going to の形をまずイメージすることが大切です。「可能性が高い」となっているので going を likely に置き換えましょう。

● 「いったん約束をしたのなら、それを必ず守りなさい。」
　□ Once you make a promise, be sure to keep it.
これも going を置き換えるだけです。「必ず」ですから、be going to の going を sure にします。

● 「欲しいものはどれでも、自由に食べることができた。」
　□ We were free to eat anything we wanted.
「自由に」に対応させて、be going to の going を free にします。

● 「彼は今はアメリカにいるはずだ。」
　□ He is supposed to be in America now.
「思う」という意味の動詞 suppose を受身にし、be supposed「思われている」を作ります。これで「〜のはず」という意味が出ます。

● 「私達は上司の命令に従わざるをえない。」
　□ We are obliged to follow our boss's order.
「せざるをえない」という意味を出すためには、force「強いる」や oblige「義務づける」という動詞を過去分詞（forced / obliged）にして、be going to の going の位置に入れます。

● 「彼女は裕福な家の出と言われている。」
　□ She is said to be from a wealthy family.
「言われている」は、be said to という形を用いています。仮主語の it から始めることもできます(It is said that she is from a wealthy family.)。

● 「その犬がその少女を救ったと言われている。」
　□ The dog is said to have saved that girl.
前の例文と同じ「言われている」ですが、「救った」とありますので、過去の話題です。そこで、完了形の have saved を使います。

● 「彼がその手法を考え出したと信じられている。」
　□ He is believed to have invented that method.
前の例の「言われている」を「信じられている」に置き換えます。これも過去の話題なので、to の後ろはやはり完了形です。

> ### さらに One Point
>
> be able to と can、共に「できる」という意味ですが、過去形では少し違いが出ます。過去形にすると was able to と could ですが、could の方は助動詞つまり可能性を示す単語なので「しようと思えばできた」という意味にとられやすくなります。そこで、「実際にできた」という意味の時は was able to を用いるのが一般的です。

高校編 6―準動詞アプローチ・発展編 (1)

文法を使ってみよう！　　　　　　　　　　　CD 54

● **CHECK ONE**：下の英文が理解できるか **Check**！

☐1　He is likely to be late.

☐2　I was about to call you.

☐3　You are free to use this computer.

☐4　I'm willing to help you.

☐5　They are sure to pass the exam.

☐6　I was forced to pay his debt.

☐7　He is supposed to be at home today.

☐8　She is said to have moved to another town.

☐9　The man is believed to have stolen the money.

☐10　The artist is reported to have been killed in an accident.

(6) debt「借金」　(9) steal「盗む」

● **CHECK THREE**：文法ポイントを身につけたか　最終**Check**！

疑問を残さないために再確認
☐1　「今しよう」と思ったら、be going to と will どちらを使う？
☐2　「電話するところだった」was （　） to call。空所に入るのは？
☐3　was said to be rich と is said to have been rich の違いは？
☐4　「予定」「義務」「可能」などの意味で使える表現とは？

● **CHECK TWO**：←下の日本文を英文にできるか **Check**！

☐1　彼は遅刻しそうだ。

☐2　君に電話するところだった。

☐3　君は自由にこのコンピューターを使ってもよい。

☐4　喜んで君の手伝いします。

☐5　彼らは、きっとその試験に合格する。

☐6　私は彼の借金を払わざるをえなかった。

☐7　彼は今日は家にいるはずだ。

☐8　彼女は別の町に引っ越したと言われている。

☐9　その男がその金を盗んだと信じられている。

☐10　その芸術家は事故で亡くなったと報じられている。

1　will。be going to は予定されていることに使う。
2　about。call という動作の周辺にいるというイメージによるもの。
3　「裕福だと言われていた」。「裕福だったと言われている」。
4　be to (do)。意味を特定する単語がないので、複数の意味で使える。
　　ただし形式的表現。

UNIT 48 進行形

中学編 28 を発展させてみよう！

中学：He is studying. 　　　　　　（彼は勉強している）
高校：He has been studying. 　　　（彼はずっと勉強している）

● 今回は準動詞を動詞部分で使う形のひとつ、進行形です。形は be + -ing でした。ここでの時間担当は be です。そこでこれを過去（was）、現在（is）、未来（will be）にすれば3時制での進行形がすぐにできます。

　　He was playing the guitar then.（彼はその時ギターを弾いていた）
　　She is sleeping now. 　　　　　　（彼女は今寝ている）
　　I will be working at 6 tomorrow.（明日の6時には仕事をしている）
　　　　　（上から順に過去進行形、現在進行形、未来進行形）

● また be を have been にして、完了形をつけ加えることもできます。現在完了進行形と呼ばれています。

She has been watching TV for 3 hours.
　　　　　（彼女は3時間テレビをずっと見続けている）

「完了進行形」を順序立てて作りながら、形の復習をしておきましょう。
1. 「している」という意味は、 　　　　　　　　　　-ing（準動詞）
2. 時間を示す単語がないので be を加えて、 　be + -ing（進行形）
3. 完了形だから時間担当の be を have been にすると、
　　　　　　　　　　　　　　　　　　have been + -ing（完了進行形）

● また近い未来を現在進行形で表せます。
　 I'm leaving Japan tomorrow.　　　（明日日本を発つ予定だ）
tomorrow なのに、現在進行形です。これは、自分の気持ちはもうそちらに進んでいるという感覚によるものです。

CD 55

表現力をアップさせよう！

● 「雨が降る（it rains）」という話題で形の整理をしておきましょう。

● 「よく雨が降る」
　□ It often rains.　　　　　　　　→　現在形

● 「今、雨が激しく降っている」
　□ It is raining hard now.　　　　→　現在進行形

● 「家を出た時雨が降っていた。」
　□ It was raining when I left home.　→　過去進行形

● 「明日の今頃は雨だ」
　□ It will be raining at this time tomorrow.　→　未来進行形

● 「1週間雨が降った」
　□ It has rained for a week.　　　→　現在完了形

● 「1週間雨が降り続いている」
　□ It has been raining for a week.　→　現在完了進行形

＊下線部の単語が時間を担当しています。現在・過去・未来・現在完了と変わっても、常に時間担当はどの単語かを考えることで文型を整理できます。

Take a closer look!
今回の文法は、こうして使う！

● 「君のことをいつも考えている。」
　☐ I'm always thinking of you.
always「いつも」のような修飾語をつけ、繰り返し行っていることを進行形で表現できます。

● 「君が電話してきた時、家をちょうど出るところだった。」
　☐ When you called me, I was just leaving home.
ある過去の一時点で、何かをしている時は、過去進行形を使います。そこで was leaving となります。

● 「その鳥が死にそうだったことに私は気づかなかった。」
　☐ I didn't notice that the bird was dying.
ものの経過・変化を表そうとする時、進行形を用います。ここでは「だった」という過去の話なので、過去進行形になります。

● 「それでは明日に午後2時にお待ちしています。」
　☐ So, I will be expecting you at 2 p.m. tomorrow.
未来の一時点を考えて、その時行われていることをイメージした時、未来進行形が用いられます。

● 「冗談でしょう。」
　☐ You must be joking.
must（違いない）を使って、進行形を組み合わせると「〜しているに違いない」という意味になります。ただし助動詞の後は原形なので be とすることを忘れないように。

● 「1週間以上もずっと雪が降り続いている。」
　□ It has been snowing for more than a week.
これまでずっと行われてきたことは完了形ですが、さらに今も進行中という情報もプラスした完了進行形で表現しています。

● 「君がフロリダに引っ越すって本当ですか」
　□ Is it true that you are moving to Florida?
まだ実際の行動が始まっていなくても、もう準備に入っているようなすぐ先のことは、現在進行形で表します。

● 「今行きます。」（人に呼ばれた時）
　□ I'm coming.
これも同様、これから行う確定的なことに使われる現在進行形です。ただ、相手から見れば、近づいてくるので、go ではなく come を使います。

さらに One Point

進行形にすると意味に「勢い」が出ますが、そこに何か動きが見えることが進行形にできる条件です。言い換えると、ある状態を伝えるだけの動詞は基本的には進行形にできません。そうしたものは以下のような単語です。
have「持つ」(「食べる」の意味ならできます)　like「好き」　know「知る」　want「欲しがる」　belong「所属する」　seem「〜のように見える」

文法を使ってみよう！　　　　　　　　　　　CD 56

● **CHECK ONE**：下の英文が理解できるか **Check**！

☐1　It's getting cold.

☐2　What's going on here?

☐3　It's not snowing any more.

☐4　How are you doing?

☐5　She is coming soon.

☐6　Probably we will be having dinner at that time.

☐7　How long have you been studying English?

☐8　For ten years or so.

☐9　Are you leaving tomorrow?

☐10　I'm not working this afternoon.

(2) go on「（物事が）続く」　(3) not—any more「もはや〜でない」
(6) probably「たぶん」

● **CHECK THREE**：文法ポイントを身につけたか　最終**Check**！

疑問を残さないために再確認
☐1 "is working"これを過去進行形、未来進行形に変えると？
☐2 現在完了進行形の形とは？
☐3 have rained と have been raining の違いは？
☐4 現在進行形で現在以外の時を表すことはできるか？

● **CHECK TWO**：←下の日本文を英文にできるか **Check**！

- [ ] 1　寒くなってきた。
- [ ] 2　ここで何が起こっているんだ。
- [ ] 3　もう雪は降っていない。
- [ ] 4　調子はどう？
- [ ] 5　彼女はすぐにやって来ます。
- [ ] 6　たぶんその時間、私達は夕食をとっているだろう。
- [ ] 7　どのくらい英語を勉強しているのですか。
- [ ] 8　10年くらいです。
- [ ] 9　明日出発ですか。
- [ ] 10　今日の午後は仕事をしません。

---

1 時間担当の is を was、will be に置き換えて、was working、will be working。
2 have been -ing。be -ing の be を現在完了形 have been にしたもの。
3 have been raining と言うと「今も降り続いている」という意味が強調される。
4 すぐに実現する未来には現在進行形を使うことができる。

UNIT 49 受身形（受動態）

中学編 29 を発展させてみよう！

> 中学：The bridge was built ten years ago.
> 　　　　　　　　　　　　　（その橋は10年前に建てられた）
> 高校：The bridge is being built now.　（その橋は今建造中だ）

● 「～される」という受身形を扱います。
　　English is taught here.　（ここでは英語が教えられている）
　時間担当は is です。よって進行形同様、これをいろいろ変えると発展レベルになります。

> 未来形：be → will be
> 　　　　English will be taught.　　　　（教えられることになる）
> 進行形：be →is being
> 　　　　English is being taught.　　（教えられているところだ）
> 完了形：be →have been
> 　　　　English has been taught.　　　　（教えられてきた）

● We look up to him.（私達は彼を尊敬している）これを受身形にすると
　　He is looked up to by us.　　　　（彼は私達に尊敬されている）
　look up to でひとつの動詞扱いです。to は省略できません。

● 受身に思えないのに -en（過去分詞）を使うことがあります。
　I was surprised at the news.（私はその知らせに驚いた）
　これは、surprise が「驚く」ではなく「驚かす」という意味のためです。こうした動詞は、satisfy「満足させる」bore「退屈させる」disappoint「失望させる」などがあります。

表現力をアップさせよう！

（by 以外の前置詞を伴う受身形）

● **be satisfied with**（～に満足している）
　□ I'm satisfied with my job. 　（私は自分の仕事に満足している）

● **be filled with**（～で満たされている）
　□ The glass was filled with water.
　　　　　　　　　　　　　　　（そのコップは水で満たされていた）

● **be covered with**（～でおおわれている）
　□ The mountaintop is covered with snow.
　　　　　　　　　　　　　　　（山頂は雪でおおわれている）

● **be known to**（～に知られている）
　□ His name is known to everyone.
　　　　　　　　　　　　　　　（彼の名前はみんなに知られている）

（群動詞の受身形）

● **put off**（延期する）
　□ The meeting was put off till next week.
　　　　　　　　　　　　　　　（その会合は来週まで延期された）

● **throw away**（捨てる）
　□ The table was thrown away. 　（そのテーブルは捨てられた）

● **look after**（世話をする）
　□ The baby was looked after by his grandmother.
　　　　　　　　　　　　　（その赤ん坊は祖母によって世話された）

Take a closer look!
今回の文法は、こうして使う!

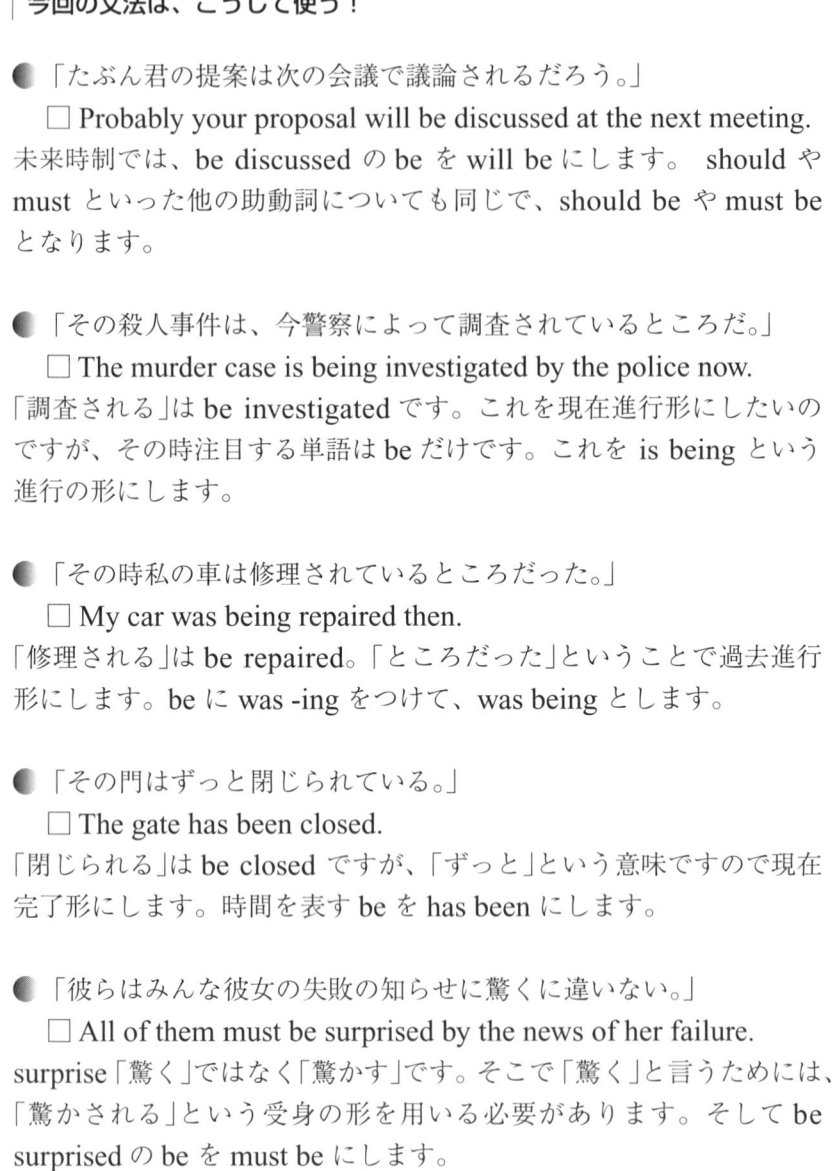

● 「たぶん君の提案は次の会議で議論されるだろう。」
　□ Probably your proposal will be discussed at the next meeting.
未来時制では、be discussed の be を will be にします。 should や must といった他の助動詞についても同じで、should be や must be となります。

● 「その殺人事件は、今警察によって調査されているところだ。」
　□ The murder case is being investigated by the police now.
「調査される」は be investigated です。これを現在進行形にしたいのですが、その時注目する単語は be だけです。これを is being という進行の形にします。

● 「その時私の車は修理されているところだった。」
　□ My car was being repaired then.
「修理される」は be repaired。「ところだった」ということで過去進行形にします。be に was -ing をつけて、was being とします。

● 「その門はずっと閉じられている。」
　□ The gate has been closed.
「閉じられる」は be closed ですが、「ずっと」という意味ですので現在完了形にします。時間を表す be を has been にします。

● 「彼らはみんな彼女の失敗の知らせに驚くに違いない。」
　□ All of them must be surprised by the news of her failure.
surprise「驚く」ではなく「驚かす」です。そこで「驚く」と言うためには、「驚かされる」という受身の形を用いる必要があります。そして be surprised の be を must be にします。

● 「私はその結果には失望した。」
　□ I was disappointed by the result.
disappoint も「失望する」ではなく「失望させる」です。そこで「失望させられる」be disappointed という形にします。そして be を was。

● 「私達が出かけている時は、犬は近所の人に世話されている。」
　□ While we are away, our dog is taken care of by our neighbor.
「世話をする」は、take care of です。受身形にする時、of を省略することはできません。be taken care of となります。

● 「彼女は友達に笑われることを恐れていた。」
　□ She was afraid that she would be laughed at by her friends.
「誰かを笑う」ことは、laugh at someone と言います。受身にしても at は省略できません。そこで be laughed at という形になります。また will は時制の一致で would です。

高校編 6 ― 準動詞アプローチ・発展編(1)

さらに One Point

動詞 surprise の意味が「驚かす」であり、「驚く」と言う時は be surprised と受身形にするというのは、私達にとってなじみにくいものです。これは英語では、物が人間に働きかけるという文の形（無生物主語）が一般的であるためです。The news surprised us.（その知らせは私達を驚かせた）といった文が、その例です。

文法を使ってみよう！　　　　　　　　　　　　CD 58

● **CHECK ONE**：下の英文が理解できるか **Check**！

- ☐1　The car might be used by my son.
- ☐2　The room is being cleaned now.
- ☐3　The song has been loved for many years.
- ☐4　Are you satisfied with the result?
- ☐5　The hall was filled with young people.
- ☐6　The place wasn't known to anybody.
- ☐7　A woman was killed in a car accident.
- ☐8　The meeting could be put off till next month.
- ☐9　I was spoken to by a stranger yesterday.
- ☐10　She is looked up to by her students.

(7) 事故などでは in を使う　(9) speak to「話しかける」
(10) look up to「尊敬する」

● **CHECK THREE**：文法ポイントを身につけたか　最終**Check**！

疑問を残さないために再確認
- ☐1　"is done" これを未来形、完了形にするには？
- ☐2　「彼は満足している」を satisfy を使って英語にすると？
- ☐3　She is known by everyone. どこが間違っている？
- ☐4　take care of を受身形にする時の注意点は？

● **CHECK TWO**：←下の日本文を英文にできるか **Check**！

☐1　その車は息子によって使われるかもしれない。

☐2　その部屋は今、掃除されているところだ。

☐3　その歌は長年愛されてきた。

☐4　君はその結果に満足していますか。

☐5　そのホールは若者でいっぱいだった。

☐6　その場所は誰にも知られていなかった。

☐7　一人の女性が自動車事故でなくなった。

☐8　その会議は来月まで延期される可能性がある。

☐9　きのう見知らぬ人に話しかけられた。

☐10　彼女は彼女の生徒達に尊敬されている。

1　進行形同様、時間担当の is を変えて will be done、have been done。
2　satisfy は「満足させる」という意味なので、英文は He is satisfied。
3　known の後に続く前置詞は、by ではなく to。
4　take care of でひとつの他動詞扱いなので、be taken care of として of を省略しないようにする。

UNIT 50 完了形

中学編 30 、31 を発展させてみよう！

中学：He has been there for 2 hours. 　（彼は2時間そこにいる）
高校：He had been there for 2 hours when I arrived.
　　　　　　　　　　　（私が着いた時、彼は2時間そこにいた）

● まず次の図を見てください。

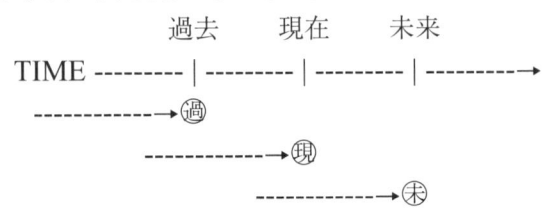

```
              過去    現在    未来
 TIME --------- | --------- | --------- | --------→
       -------------→㊊
               -------------→㊢
                       -------------→㊥
```

㊊㊢㊥はおなじみの3時制、現在・過去・未来ですが、その左側に-----▶という時間の情報をつけ加えたものが完了形です。時間の幅が広がったことで、「ずっと～」（継続）「～したことがある」（経験）「してしまった」（完了）という情報を伝えることができます。

● 中学レベルは-----▶㊢つまり現在完了形だけでした。
形は have + -en です。
時間を担当しているのは、have -en ではなく、have です、そこで、これを過去（had）、未来（will have）にすれば、すぐに過去完了形・未来完了形ができます。

She had already left home when I called her.
　　　　　　　（私が彼女に電話した時彼女は家を出ていた）
I will have finished this by next weekend.
　　　　　　　（来週までには、これを終えてしまっているだろう）

なお未来完了形は動詞部分が3単語になりますので、未来形で済ますこともあります。

● 過去より前の一時点も、過去完了形がカバーします。
「その前日に買ったペンをなくした」
I lost the pen that I had bought the day before.
＊この使い方(つまり「過去より前」)を大過去と呼びます。

🎧 CD 59

表現力をアップさせよう！

● 「結婚している(be married)」という話題で形を整理します。

● 「彼女と結婚していた」
　□ I was married to her. 　　　　　　　→ 過去形

● 「私は結婚している」
　□ I'm married. 　　　　　　　　　　　→ 現在形

● 「私達は結婚して10年になる」
　□ We have been married for 10 years. 　→ 現在完了形

● 「結婚5年目に息子が生まれた」
　□ When our son was born, we had been married for 5 years.
　　　　　　　　　　　　　　　　　　　　→ 過去完了形

● 「来年で結婚20年になる」
　□ When next year comes, we will have been married for 20 years. 　　　　　　　　　　　　　　　→ 未来完了形

Take a closer look !
今回の文法は、こうして使う！

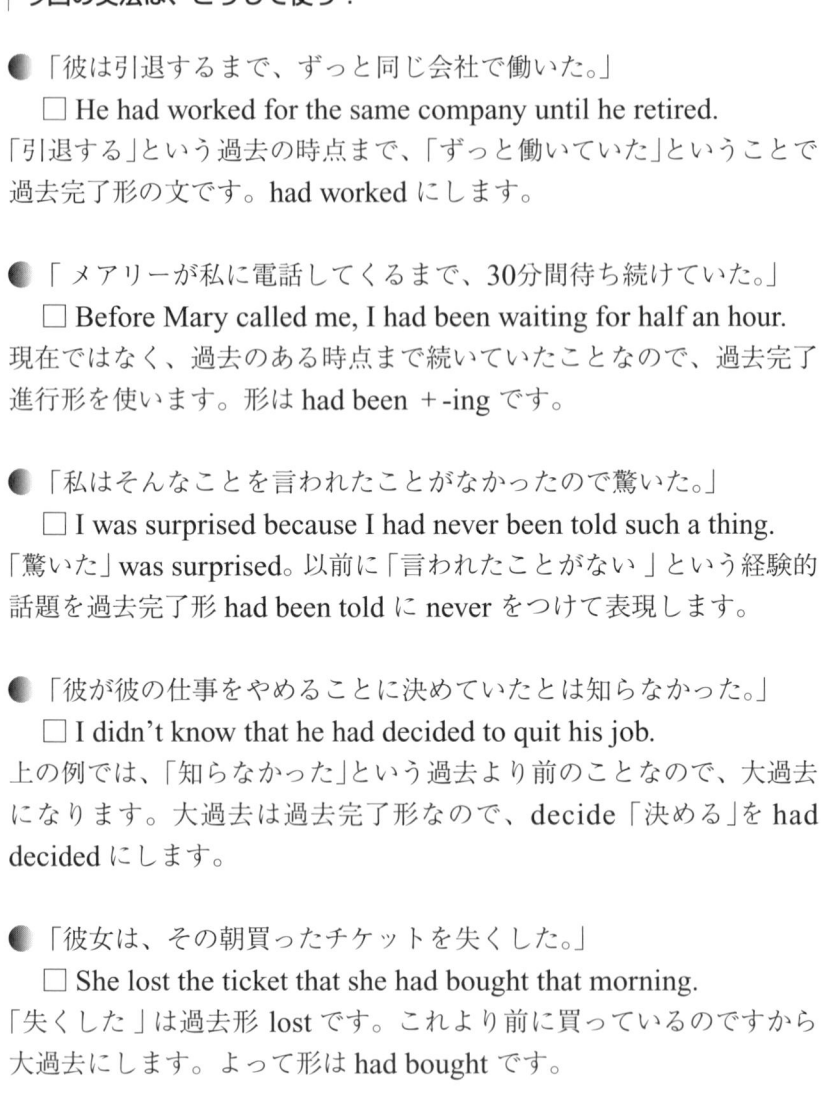

● 「彼は引退するまで、ずっと同じ会社で働いた。」
  □ He had worked for the same company until he retired.
「引退する」という過去の時点まで、「ずっと働いていた」ということで過去完了形の文です。had worked にします。

● 「メアリーが私に電話してくるまで、30分間待ち続けていた。」
  □ Before Mary called me, I had been waiting for half an hour.
現在ではなく、過去のある時点まで続いていたことなので、過去完了進行形を使います。形は had been ＋ -ing です。

● 「私はそんなことを言われたことがなかったので驚いた。」
  □ I was surprised because I had never been told such a thing.
「驚いた」was surprised。以前に「言われたことがない」という経験的話題を過去完了形 had been told に never をつけて表現します。

● 「彼が彼の仕事をやめることに決めていたとは知らなかった。」
  □ I didn't know that he had decided to quit his job.
上の例では、「知らなかった」という過去より前のことなので、大過去になります。大過去は過去完了形なので、decide「決める」を had decided にします。

● 「彼女は、その朝買ったチケットを失くした。」
  □ She lost the ticket that she had bought that morning.
「失くした」は過去形 lost です。これより前に買っているのですから大過去にします。よって形は had bought です。

● 「私達は来月で20年アメリカに住んでいることになる。」
　□ We will have lived in America for twenty years next month.
「来月」という未来の時を基準にして、それまでの継続的な内容には未来完了を用います。「住む」live の未来完了は will have lived です。

● 「もう一度タイを訪れれば、5回そこへ行ったことになる。」
　□ If I visit Thailand again, I will have been there five times.
もう一度「訪れる」という未来の時点での経験的内容になるので未来完了になります。「そこに行ったことがある」は have been there です。これに will をつけます。

● 「彼の名前はすぐに忘れられてしまうでしょう。」
　□ His name will have been forgotten soon.
「忘れられる」は受身形 be forgotten です。これを「しまうでしょう」という完了の意味を出すために、未来完了にします。be を will have been にします。

高校編 6 — 準動詞アプローチ・発展編(1)

さらに One Point

今回で準動詞を動詞部分に用いる3つの形、「進行形」「受身形」「完了形」が出揃いました。いずれも過去、現在、未来の時点である動作がどのような様子かを伝える役割を果たしています。eat を例にとると、順に「食べている」「食べられる」「食べてしまった」という状態を表しています。

文法を使ってみよう！ CD 60

● CHECK ONE：下の英文が理解できるか Check！

☐1　We know each other.

☐2　We have known each other for 5 years.

☐3　We had known each other for 2 years when we got married.

☐4　The movie had started when I got there.

☐5　I wanted to talk to Bill, but he had gone home.

☐6　I found out that the train had already left.

☐7　I was hungry because I hadn't eaten anything.

☐8　The child washed his hands before he ate lunch.

☐9　Next month I will have been in Japan for one year.

☐10　I will have finished my homework by the time he comes back.

(3) get married「結婚する」
(8) before 等で時間の流れが明白な時は過去完了形にせず過去形のままが多い
(10) by the time「〜する時までに」

● CHECK THREE：文法ポイントを身につけたか　最終Check！

疑問を残さないために再確認

☐1　過去形と現在完了形のカバーする時間はどこが違うのか？
☐2　have seen を過去完了形、未来完了形にするには？
☐3　大過去とは何か？
☐4　大未来という形はあるか？

● **CHECK TWO**：←下の日本文を英文にできるか **Check**！

☐1　私達は知り合いである。

☐2　私達は知り合って5年になる。

☐3　私達は知り合って2年後に結婚した。

☐4　私がそこに着いた時,その映画は始まっていた。

☐5　ビルと話したかったが、彼は帰宅していた。

☐6　その列車がすでに出発しているのがわかった。

☐7　何も食べていなかったので空腹だった。

☐8　その子供は昼食を食べる前に手を洗った。

☐9　来月で一年間日本にいることになる。

☐10　彼が戻ってくるまでに、宿題を終えておきます。

高校編　6 — 準動詞アプローチ・発展編(1)

1　過去形はある過去の時間、現在完了形は過去から現在までの時間。
2　時間担当の have を had、will have に変えて had seen、will have seen。
3　文の中で使った過去形よりも、さらに前の時間を表すもの。
4　ない。未来については時間の関係が過去ほど厳密ではない。

Part 6 (47)〜(50) SELF-CHECK

- □ (47) be（　）to do：（　）内に5種類以上の単語を入れることができる。
- □ 　　 to 原形 と to 完了形の区別ができる。
- □ (48) 未来進行形の形を言うことができる。
- □ 　　 現在完了進行形の形を言うことができる。
- □ (49) 受身形の現在完了形を言うことができる。
- □ 　　 take care of を受身にする時の注意点を言うことができる。
- □ (50) 過去完了形の形を言うことができる。
- □ 　　 未来完了形の形を言うことができる。

Part 6 では、進行形、完了形、受身形の発展的内容を学びました。

Part 7 では、3種類の準動詞の使い分けを詳しく見ていきます。

高校編

Part 7

準動詞アプローチ：発展編(2)

UNIT 51 準動詞の用法・It の主語

中学編 ⑭、㉔ を発展させてみよう！

> 中学：It is easy for you to say so.
> 　　　　　　　　　　（君がそう言うのは簡単なことだ）
> 高校：It is kind of you to say so.
> 　　　　　　　　　　（そんなことを言ってくれて、優しいですね）

● Part 7では、準動詞の区別の話が続きますのでここで準動詞の文法用語を説明しておきます。
　準動詞は「動詞をやめた」ものでしたが、もう一歩踏み込んで考えてみましょう。
　「動詞をやめて何になるのか？」

● その答えは、英語の主要4品詞が名詞・動詞・形容詞・副詞ということを考えれば明らかです。
　動詞をやめてなれるものは3つしかありません。名詞、形容詞、副詞です。これが、いわゆる〜的用法というものです。

	名詞的用法	形容詞的用法	副詞的用法
to〜	不定詞		
-ing	動名詞	現在分詞	
-en		過去分詞	
見分け方	「〜すること」	名詞を修飾	その他

● 主語で準動詞を使おうとして、長くなる時は、形式主語の it がよく使われるということはすでに説明しました。
　It is difficult for me to cook Chinese food.
　　　　　　　（中華料理を作ることは私にとって難しい）

● 上の英文では it - for - to～の形になっていますが、「人の性質」を言う場合、性質は人に属するものなので前置詞は of になります。

<u>It</u> is careless <u>of</u> you <u>to</u> forget the appointment.
　　　　　　　　　　（その約束を忘れるとは、君は不注意だ）

CD 61

表現力をアップさせよう！

● It の主語を整理しておきます。

☐ It cost me 500 dollars to stay there.
　　　　　　　　　　（そこに滞在するのに500ドルかかった）

☐ It takes 2 hours to go from here to Tokyo.
　　　　　　　　　　（ここから東京まで行くのに2時間かかる）

☐ It is impossible for us to finish this by tomorrow.
　　　　　　　　　　（明日までにこれを終わらせるのは不可能だ）

☐ It is dangerous for you to go there alone.
　　　　　　　　　　（君がそこへ一人で行くのは危険だ）

☐ It is kind of you to help us.
　　　　　　　　　　（私達を手伝ってくれて、君は優しいですね）

☐ It is silly of him to say such a thing.
　　　　　　　　　　（そんなことを言うなんて、彼はばかですね）

☐ It is about ten minutes' drive from here to the airport.
　　　　　　　　　　（ここから空港まで、車でおよそ10分だ）

高校編 7 ― 準動詞アプローチ・発展編 (2)

Take a closer look !
今回の文法は、こうして使う！

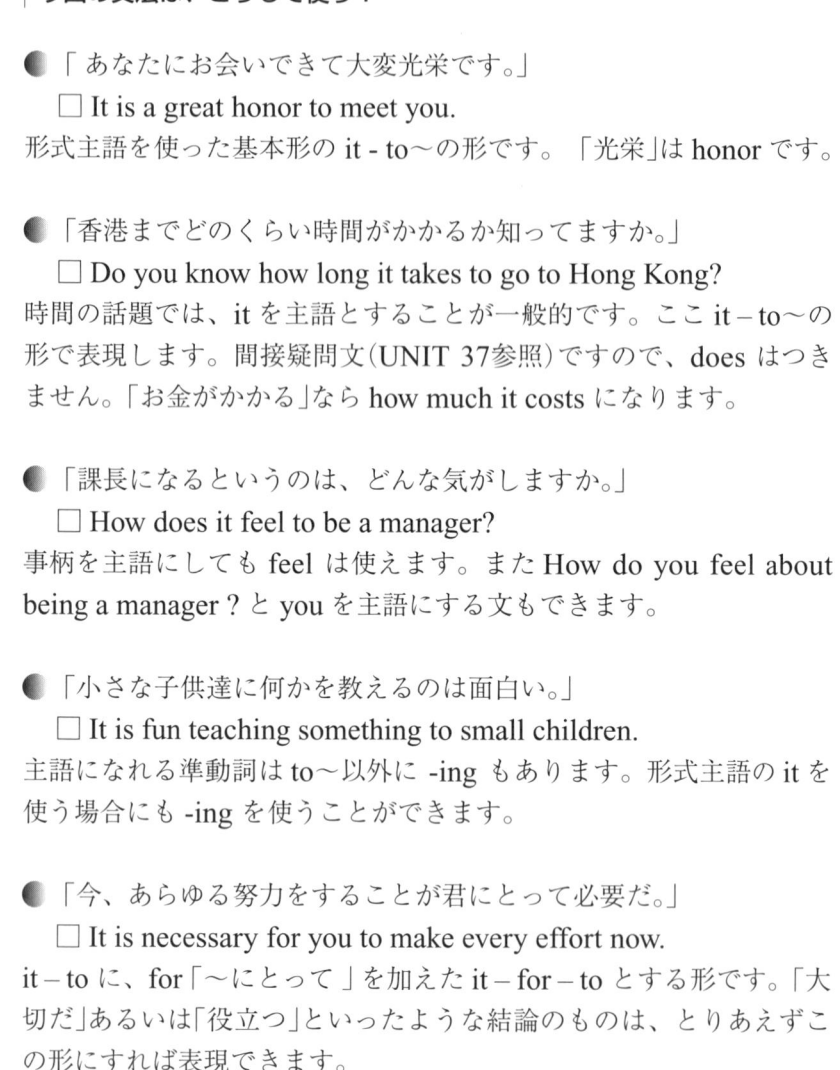

● 「あなたにお会いできて大変光栄です。」
　□ It is a great honor to meet you.
形式主語を使った基本形の it - to～の形です。「光栄」は honor です。

● 「香港までどのくらい時間がかかるか知ってますか。」
　□ Do you know how long it takes to go to Hong Kong?
時間の話題では、it を主語とすることが一般的です。ここ it – to～の形で表現します。間接疑問文（UNIT 37参照）ですので、does はつきません。「お金がかかる」なら how much it costs になります。

● 「課長になるというのは、どんな気がしますか。」
　□ How does it feel to be a manager?
事柄を主語にしても feel は使えます。また How do you feel about being a manager? と you を主語にする文もできます。

● 「小さな子供達に何かを教えるのは面白い。」
　□ It is fun teaching something to small children.
主語になれる準動詞は to～以外に -ing もあります。形式主語の it を使う場合にも -ing を使うことができます。

● 「今、あらゆる努力をすることが君にとって必要だ。」
　□ It is necessary for you to make every effort now.
it – to に、for「～にとって」を加えた it – for – to とする形です。「大切だ」あるいは「役立つ」といったような結論のものは、とりあえずこの形にすれば表現できます。

● 「そんなにたくさんのお金を無駄にするとは、君はばかだ。」
　□ It is silly of you to waste so much money.

「君にとってばかだ」ではなく、「君のばかさ加減」を言っているので、前置詞は for ではなく of を使います。こうした「人の性質」は it - of - to で表します。

● 「君にそんなことを言うとは、彼女は失礼だ。」
　□ It is rude of her to say such a thing to you.

前の例文の silly を rude にしただけです。「彼女の失礼さ」なので、やはり形は it - of - to です。

● 「この時期にしてはずいぶん寒い。」
　□ It is very cold for this time of year.

意味上主語を必要としない寒暖・天候・明暗などにも時間同様、主語の it が用いられます。

高校編 7―準動詞アプローチ・発展編 (2)

さらに **One Point**

主要4品詞(動詞、名詞、形容詞、副詞)に、名詞をつなぐ前置詞(in など)、SV をつなぐ接続詞(if など)、独立してもちいる間投詞(oh など)、そして名詞の反復を避けるための代名詞(she など)を加えたものが、英語の主要8品詞です。

文法を使ってみよう！　　　　　　　　　　　CD 62

● **CHECK ONE**：下の英文が理解できるか **Check**！

☐1　Exchanging e-mails is fun.

☐2　Is it possible to borrow this book?

☐3　Is it OK to use this fax machine?

☐4　It's very difficult for me to solve this math problem.

☐5　It is unusual for children to be outside so late.

☐6　It was brave of you to say no to him.

☐7　It was wise of you to choose this one.

☐8　Is it always windy like this?

☐9　It's getting colder day by day.

☐10　It has been snowing for one week.

(2) possible [可能な]　(7) wise「かしこい」　(8) windy「風が強い」
(9) day by day「一日ごとに」

● **CHECK THREE**：文法ポイントを身につけたか　最終**Check**！

疑問を残さないために再確認
☐1　準動詞は動詞をやめて、どんな品詞の役割を果たすのか。
☐2　副詞的用法とはどのようなものか。
☐3　主語になれない準動詞は何か？
☐4　It – of – to (do) となるのは、どんな場合か？

● **CHECK TWO**：←下の日本文を英文にできるか**Check**！

☐1　Eメールを交換するのは面白い。

☐2　この本を借りることは可能ですか。

☐3　このファックスを使ってもいいですか。

☐4　私にとって、この数学の問題を解くのはとても難しい。

☐5　子供がそんなに遅く外にいるのは普通ではない。

☐6　彼に嫌だと言うとは君は勇気がありましたね。

☐7　君がこれを選んだのは賢明でした。

☐8　こんなふうにいつも風が強いのですか。

☐9　一日ごとに寒くなる。

☐10　1週間、雪が降り続いている。

高校編 7 ─ 準動詞アプローチ・発展編 (2)

1　名詞、形容詞、副詞。これが準動詞の3つの用法。
2　名詞的(「〜すること」)、形容詞的(名詞修飾)以外のもの。
3　-en(過去分詞)。これだけが、名詞の役割を果たせない。
4　人の性質を表す時。例：It is very kind of you to say so.

UNIT 52 不定詞(1)

中学編 25 を発展させてみよう！

中学：I want to go to Korea.　　　（私は韓国に行きたい）
高校：I decided to go to Korea.　　（私は韓国に行くことに決めた）

● 前回の主語の場合と異なり、目的語や追加情報の位置に動詞を使おうとする場合、準動詞（to〜、-ing、-en）の区別が重要になります。選択のプロセスは2段階で考えるとわかりやすいでしょう。
(1) まず受身なら -en。
(2) 次に、未来イメージなら to〜、そうでなければ -ing。

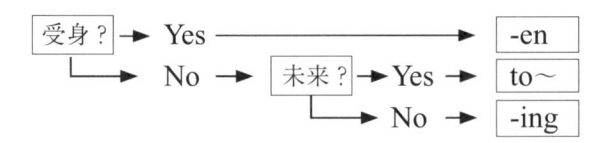

```
受身？ → Yes ───────────────→ -en
      → No → 未来？ → Yes → to〜
                    → No  → -ing
```

● remember（覚えている）forget（忘れる）も、このルールに従っています。

　　I remember seeing him then.
　　　　　　　　　（その時彼に会ったことを覚えている）
　　I remember to see him.　　（彼に会うことは覚えている）

● 2番目の文のように、目的語に未来のイメージを描いた時、原則的に to〜 を使います。そして want to do の want を他の単語に置き換えていくと、発展レベルの内容になります。

　　He decided to live in this town.
　　　　　　　　　（彼はこの町で暮らすことに決めた）

● 実際には、「する」だけでなく「しない」と決定することもあります。つまり「不定詞の否定」になりますが、不定詞に限らず準動詞の否定は常に「直前に not」です。

　　I decided not to join the club.
　　　　　　　　　　（私はそのクラブに入らないことを決めた）

CD 63

表現力をアップさせよう！

● want to do の形をイメージして作ってください。

● **need to do**（必要がある）
　□ He needs to come back soon.
　　　　　　　　　　（彼はすぐに戻ってくる必要がある）

● **mean to do / intend to do**（意図する）
　□ I didn't mean to do such a thing.
　　　　　　　　　　（そんなことをするつもりはなかった）

● **promise to do**（約束する）
　□ She promised to come here.　（彼女はここに来ると約束した）

● **hope to do**（望む）
　□ I hope to see you again.　　（またあなたにお会いしたい）

● **seem to do**（～のようだ）
　□ He seems to be rich.　　　　（彼は金持ちのようだ）

● **happen to do**（たまたま～する）
　□ I happened to see the store yesterday.
　　　　　　　　　　（昨日たまたまその店を見かけた）

● **come to do / get to do**（～するようになる）
　□ They came to understand each other.
　　　　　　　　　　（彼らはお互いに理解するようになった）

Take a closer look !
今回の文法は、こうして使う！

want to do タイプの表現をさらに紹介します。

● 「私達はその利益を分け合うことに同意した。」
　□ We agreed to share the profit.
「同意する」の意味の動詞agree を使って want to do という形を作ることができます。また、agree に名詞をつなぐ時には、with や to の前置詞が用いられます。

● 「私は物理学を専攻するつもりでいる。」
　□ I'm planning to major in physics.
plan「計画する」を使って、まさに何かをしようとしている前向きな表現で、不定詞のイメージどおりです。進行形の形でよく用いられます。

● 「彼女は私達と共に来ることを拒んだ。」
　□ She refused to come with us.
refuse「拒む」という動詞ですが、don't want to do のイメージで使うため、refuse to do という形になります。

● 「彼はその答えを知っている振りをした。」
　□ He pretended to know the answer.
「振りをする」という意味の動詞、pretend を使います。前置詞 to の持つ「到達しようとしている」イメージを考えると、わかりやすいでしょう。

● 「私は何とか、その数学の問題を解くことができた。」
　□ I managed to solve the math problem .
「やりくりする」という意味の manage も、この形で使えます。

● 「彼女は、そのコンサートのチケットを買えなかった。」
　□ She failed to buy a ticket for the concert.
ある動作に到達することに(to do)失敗(fail)したという表現です。

● 「彼女はすぐに中国語を話すようになった。」
　□ She learned to speak Chinese soon.
come to と同じ意味ですが、学習を通して実現した場合などは、この learn to が用いられます。

● 「彼は病気だったようだ。」
　□ He seems to have been sick.
「～のようだ」は seem to ですが、「～だったようだ」と、不定詞の内容を過去にしたい時は、助動詞で行ったように完了形を使います。そこで seem to have been という形になります。

高校編 7―準動詞アプローチ・発展編 (2)

- さらに **One Point** ―

準動詞の区別がわかりにくい、「不定詞は未来のイメージ」と言われても今ひとつつかめないと思ったら、あっさり日本語訳から入るのもひとつの方法です。「～するため」「～すること」そして感情を示す時の「～して」なら to do、「～している」「～すること」なら doing、「～される」なら done です。これらで徐々に慣らしていってはいかがでしょうか。

文法を使ってみよう！

● **CHECK ONE**：下の英文が理解できるか **Check**！

☐1　You need to be more careful.

☐2　He promised not to be late again.

☐3　I hope to see you soon.

☐4　What are you planning to do during the vacation?

☐5　I didn't mean to hurt you.

☐6　They agreed to start a new business.

☐7　We happened to meet at the station.

☐8　You don't need to apologize.

☐9　He refused to disclose the information.

☐10　I managed to locate the place.

(2) 不定詞の否定　　　(8) apologize「謝罪する」
(9) disclose「明らかにする」　(10) locate「突き止める」

● **CHECK THREE**：文法ポイントを身につけたか　最終**Check**！

疑問を残さないために再確認
☐1　不定詞の基本イメージは？
☐2　remember to see と remember seeing の違いは？
☐3　不定詞を否定したい時はどうする？
☐4　不定詞の内容を過去にしたい時はどうする？

● **CHECK TWO**：←下の日本文を英文にできるか **Check**！

☐1　君はもっと注意する必要がある。

☐2　彼は二度と遅れないと約束した。

☐3　近いうちに君に会いたい。

☐4　休暇中、君は何をする計画を立てているのですか。

☐5　私は君を傷つけるつもりはなかった。

☐6　彼らは新しいビジネスを始めることに同意した。

☐7　私達はたまたま駅で会った。

☐8　君は謝罪する必要はない。

☐9　彼はその情報を明らかにすることを拒んだ。

☐10　私は、何とかその場所を突き止めることができた。

高校編 7―準動詞アプローチ・発展編(2)

1 「未来」。目的など「これから行われる内容」に用いられることが多い。
2 前者は「これから会うこと」、後者は「会ったこと」を覚えている。
3 直前に not をつける。これは準動詞共通のルール。
4 完了形を使って to have done。これも準動詞共通。

UNIT 53 動名詞

中学編 26 を発展させてみよう！

中学：I enjoy playing the guitar.（私はギターを弾くことを楽しむ）
高校：I avoid seeing him.　　　（私は彼に会うことを避ける）

● 前回は未来の行動をイメージする to〜を目的語にする話でした。-ing を目的語にすることについて一言で言えば、未来の行動をイメージしない時です。それには2つの場合があります。
(1) すでに行動しているもの。
　　（enjoy、stop、finish、admit（認める）、deny（否定する）など）
　　　　She enjoys talking with her friends.
　　　　　　　　　　　　　　　（彼女は友達との話を楽しむ）
(2) その行動をしたくないもの。
　　（avoid（避ける）、mind（嫌がる）、escape（逃れる）、put off（延期する）、give up（あきらめる）など）
　　　He avoided going with us.
　　　　　　　　　　　（彼は私達と一緒に行くことを避けた）

● また、今回の -ing を否定・過去にしたい時はすでに準動詞ルールとして学習済みです。否定は「直前not」、過去は「完了形」でした。
　　I regret not telling you the truth.
　　　　　　　　（君に真実を語らなかったことを後悔している）
　　I regret having told a lie.　（ウソをついたことを後悔している）
　　　　　　　＊regret telling と言うこともできます。

● 動名詞の主語が文の主語と異なる場合は、目的格や所有格で入れます。目的格の方が口語的です。

  I understand him (his) choosing that one.
        （彼がそちらを選ぶのもわかります）

CD 65

表現力をアップさせよう！

（動名詞を目的語にするもの）
  ☐ She admitted breaking the glass.
      （彼女はそのコップを割ったことを認めた）
  ☐ I put off having dinner with them.
      （彼らと夕食を共にすることを延期した）

● **It is no use -ing**（〜しても仕方がない）
  ☐ It is no use worrying too much. （心配しすぎても仕方がない）

● **Would you mind -ing**（〜してもよいですか）
  ☐ Would you mind opening the window?（窓を開けてくれますか）
  ＊嫌がる（mind）かと尋ねているので、OK なら No と答える。

● **There is no -ing**（〜できない）
  ☐ There is no knowing who will come.（誰が来るのかわからない）

● **be worth -ing**（〜する価値がある）
  ☐ Nara is worth visiting many times.
      （奈良は何度も訪れる価値がある）

● **be used to / be accustomed to -ing**（〜に慣れている）
  ☐ She is used to speaking English.
      （彼女は英語を話すのに慣れている）

高校編 7 ― 準動詞アプローチ・発展編 (2)

Take a closer look !
今回の文法は、こうして使う！

● 「ついに、彼はタバコをやめた。」
　□ Finally, he gave up smoking.
give up は「あきらめる」という意味で、「しようとしない」行為なので、目的語に -ing を選択します。quit smoking とも言います。

● 「君がここにいるのは構わない。」
　□ I don't mind you staying here.
「気にする」は mind です。その後に staying を続けますが、ここでは「君」という主語をつけ加えるので、所有格your あるいは目的格you にします。

● 「私は彼の申し出を受け入れたことを後悔している。」
　□ I regret accepting his offer.
regret「後悔している」に、すでに行った行為accept を続けるためには、accepting にする必要があります。また「残念ですが」と話し始める時は、これから話すので I regret to say 〜 となります。

● 「その本は少なくとも2回読む価値がある。」
　□ The book is worth reading at least twice.
「価値がある」という意味のworth は形容詞のような前置詞です。前置詞の後ろに置ける準動詞は -ing だけです。よって worth reading となります。

● 「私は外国人と話すことに慣れていない。」
　□ I'm not used to talking with a foreigner.
「慣れている」は be used to です。この to は不定詞ではなく、通常の前置詞ですので -ing がその後に続きます。

● 「私は、この場所を君と訪れたことを決して忘れない。」
　□ I will never forget visiting this place with you.
「忘れる」は forget ですが、すでに行った行為については -ing を続けます。これからすべきことを忘れるのであれば remember と同様に to do となります。

● 「何か食べたい気がする。」
　□ I feel like eating something.
「したい気がする」は feel like です。願望を述べる表現なので to ~ をつけたい気もしますが、この後は名詞あるいは -ing が慣用的に用いられています。

● 「ドアを開けてすぐに、彼女は何らかの異常に気がついた。」
　□ On opening the door, she noticed something unusual.
「ある事柄に接した瞬間」という意味で、「接する」が基本イメージの on に -ing をつなぎます。in -ing ならば「~において」という意味になります。

高校編 7 ― 準動詞アプローチ・発展編 (2)

さらに **One Point**

動詞を追加しようとして to をつければ、その後は動詞の原形というのが大原則ですが、be used to (慣れている) のように to が通常の前置詞のため、その後は -ing ということがあります。他には、
look forward to -ing (楽しみにする) object to -ing (反対する) what do you say to -ing (~はどうですか)。

文法を使ってみよう！　　　　　　　　　　　　　CD 66

● **CHECK ONE**：下の英文が理解できるか **Check**！

☐1　She avoided seeing Mike.

☐2　Would you mind turning down the radio?

☐3　He admitted stealing the money.

☐4　She denied having broken my computer.

☐5　They put off going on a trip.

☐6　I don't feel like eating anything now.

☐7　Would you mind my joining you?

☐8　It is no use trying to imitate him.

☐9　There is no telling when the game will start.

☐10　On hearing the news, he jumped for joy.

(2) turn down「音量を下げる」　(4) deny「否定する」
(8) imitate「真似る」　　　　　(10) on -ing「～するとすぐに」

● **CHECK THREE**：文法ポイントを身につけたか　最終**Check**！

疑問を残さないために再確認
☐1　動名詞と不定詞の共通点は？
☐2　動名詞と現在分詞の違いは？
☐3　動名詞を目的語に持つ動詞の2つの特徴は？
☐4　動名詞にどうやって主語を加えればよいか？

● **CHECK TWO**：←下の日本文を英文にできるか **Check**！

☐1　彼女はマイクに会うことを避けていた。

☐2　ラジオの音を小さくしてくれませんか。

☐3　彼は、そのお金を盗んだことを認めた。

☐4　彼女は、私のコンピューターを壊したことを否定した。

☐5　彼らは旅行に出かけるのを延期した。

☐6　今、何も食べる気がしない。

☐7　私が君達に加わってもよいですか。

☐8　彼を真似ようとしても無駄です。

☐9　その試合がいつ始まるのかわからない。

☐10　その知らせを聞いた瞬間、彼は喜びのあまり跳び上がった。

高校編　７―準動詞アプローチ・発展編 (2)

1　共に名詞的な役割が果たせ、主語や目的語になることができる。
2　共に -ing だが、「している」という意味なら現在分詞、「すること」は動名詞。
3　「すでに始まっている」あるいは「気が進まない」ことに対する動詞。
4　直前に所有格または目的格の単語をつける。例：his（him）talking

UNIT 54 分詞(1)

中学編 33、34 を発展させてみよう！

中学：It is interesting. 　　　　　　　　（それは面白い）
高校：It is boring. 　　　　　　　　　　（それは退屈だ）

● 今回は分詞をひとつの形容詞として使う話題です。
　中学で学ぶ interesting「面白い」と interested「興味がある」を、紛らわしいと感じたことはないでしょうか。実はそこでは準動詞を入れる時の -ing と -en の使い分けが行われていたのです。「している」と「される」の区別、つまり「現在分詞と過去分詞」の区別です。

● bore「退屈させる」という動詞を例にとってみましょう。

That movie was boring. 　　　　　　（あの映画は退屈だった）
I was bored. 　　　　　　　　　　　（私は退屈だった）

日本語訳では、共に「退屈だった」ですが、この場面は下のような状況です。

　　　　　　その映画　bore　→　私.

bore を生む "that movie" は -ing、そして bore を受ける "I" は受身ですから -en という形です。interest「興味を持たせる」も同様の区別で interesting と interested と使い分けられています。

● 次のように名詞の前に置いて使うこともよくあります。
　　I saw an exciting movie. 　　（私は わくわくする映画を観た）

＊なお今回出ている -ed は過去形ではなく、規則動詞の -en（過去分詞）ですので注意してください。

CD 67

表現力をアップさせよう！

(分詞の区別)
● **satisfy**（満足させる）
□ The result was very satisfying.
（その結果は、とても満足のいくものだった）
□ Everyone was satisfied with the result.
（みんな、その結果に満足した）
● **disappoint**（失望させる）
□ The news was disappointing.
（その知らせは、がっかりさせるものだった）
□ I was very disappointed at the news.
（私はその知らせにとてもがっかりした）

(一般動詞の後の分詞)
□ He kept walking. （彼は歩き続けた）
□ She looks bored. （彼女は退屈そうに見える）

(自動詞の -en)
□ He is gone. （彼はいなくなった）
□ I picked up a fallen leaf. （私は落ち葉を拾った）

＊go のように目的語を持たない動詞（自動詞）に、受身の意味はなく、完了的な意味になります。こうしたものは数も少なく1つの形容詞と考えておけばよいでしょう。

Take a closer look !
今回の文法は、こうして使う！

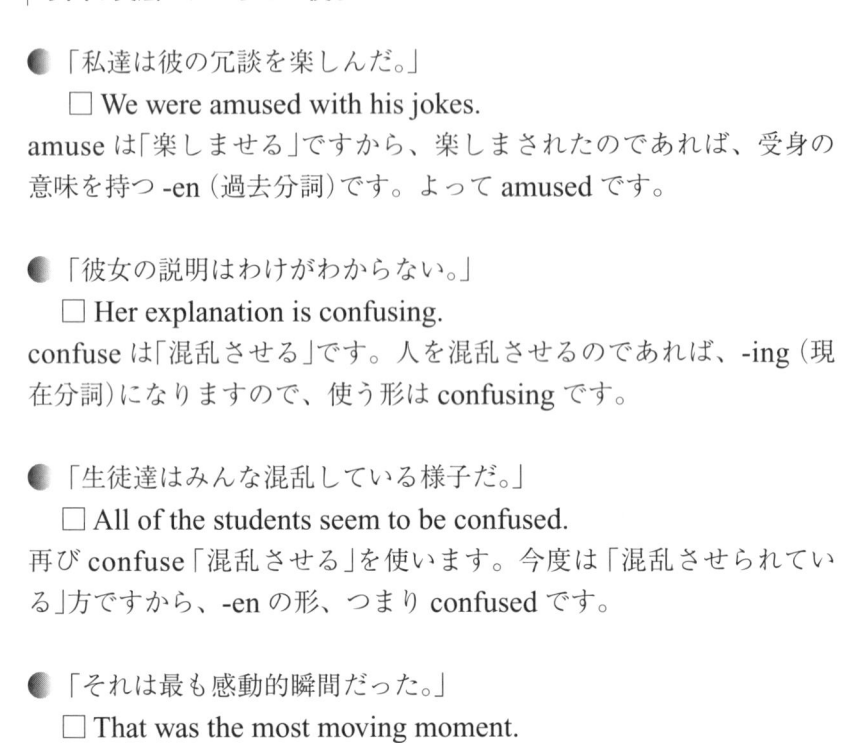

● 「私達は彼の冗談を楽しんだ。」
　□ We were amused with his jokes.
amuse は「楽しませる」ですから、楽しまされたのであれば、受身の意味を持つ -en（過去分詞）です。よって amused です。

● 「彼女の説明はわけがわからない。」
　□ Her explanation is confusing.
confuse は「混乱させる」です。人を混乱させるのであれば、-ing（現在分詞）になりますので、使う形は confusing です。

● 「生徒達はみんな混乱している様子だ。」
　□ All of the students seem to be confused.
再び confuse「混乱させる」を使います。今度は「混乱させられている」方ですから、-en の形、つまり confused です。

● 「それは最も感動的瞬間だった。」
　□ That was the most moving moment.
move には「感動させる」という意味があります。人々を感動させるのであれば -ing の形の moving を使います。

● 「あなたに会えてうれしいです。」
　□ I am pleased to meet you.
動詞で使う please は「喜ばせる」です。つまり「喜ぶ」であれば「喜ばされる」と考えて、受身の意味の -en である pleased を使います。

● 「彼女は私達に驚いた表情を見せた。」
　□ She gave us a surprised look.
surprise の意味 は「驚く」ではなく、「驚かす」です。そこで「驚かさせる」立場なら受身の意味ですから、やはりここも -en、surprised を使います。なお、この話題は UNIT49 でも扱っています。

● 「私はアイスティーを一杯飲んだ。」
　□ I drank a glass of iced tea.
動詞の ice は「冷やす」です。紅茶は「冷やされる」わけですから、ice と tea は受身の関係。そこで ice tea でも icing tea でもなく、iced tea となります。

● 「私の父はすでに引退している。」
　□ My father is already retired.
retire「引退する」は自動詞ですから受身の意味を持つことはありません。retired で完了の意味を表しています。

さらに One Point

bore「退屈させる」を犯罪に例えるならば、boring は加害者、そして bored はそういった行為を受けている被害者の立場を示すものです。ですからこの -ing と -en の区別は大切です。また、わくわくしている時も「わくわくさせられている」ので I'm excited. と言うべきですが、これを間違えて I'm exciting と言ってしまうと、「私は興奮させる」という意味になってしまいます。

文法を使ってみよう！　　　　　　　　　　　CD 68

● **CHECK ONE**：下の英文が理解できるか **Check**！

☐1　It was a boring story.

☐2　Bill was bored by the lecture.

☐3　The job was really tiring.

☐4　I feel terribly tired.

☐5　It was a satisfying experience.

☐6　We are satisfied with the meal.

☐7　It was surprising news.

☐8　Everyone was surprised to hear it.

☐9　You had better not buy that used car.

☐10　That was a very disappointing result.

(3)(4) tire「疲れさせる」　　(4) terribly「ひどく」
(5)(6) satisfy「満足させる」　(9) used car「使われた車　→　中古車」

● **CHECK THREE**：文法ポイントを身につけたか　最終**Check**！

疑問を残さないために再確認
☐1　現在分詞と過去分詞の違いは、扱う時間の違いか？
☐2　「がっかりした」の英訳は I disappointed. で正しいか？
☐3　She is gone. は受身形か？
☐4　amuse、confuse、move、please のそれぞれの意味は？

● CHECK TWO：←下の日本文を英文にできるか Check！

☐1　それは退屈な話だった。
☐2　ビルはその講義にうんざりしていた。
☐3　その仕事は本当に疲れた。
☐4　私はひどく疲れた気がしている。
☐5　それは満足のいく経験だった。
☐6　私達はその食事に満足している。
☐7　それは驚くべきニュースだった。
☐8　それを聞いて誰もが驚いた。
☐9　あの中古車は買わない方がよい。
☐10　それは非常にがっかりする結果だった。

高校編 7──準動詞アプローチ・発展編(2)

1 時間ではなく、「している」(能動)か「される」(受動)かの違い。
2 正しくない。disappoint は「がっかりさせる」。よって I was disappointed.
3 受身形ではない。自動詞の -en(過去分詞) は完了の意味。
4 順に「楽しませる」「混乱させる」「感動させる」「喜ばせる」。

273

UNIT 55 不定詞(2)・分詞(2)

中学編 32、34 を発展させてみよう！

> 中学：My father told me to help him.
> 　　　　　　　　　（私の父は私に、彼を手伝うように言った）
> 高校：My father made me help him.
> 　　　　　　　　　（私の父は私に、彼を手伝わさせた）

● 上の高校の例文では to がありません。
　一見、動詞が2つに見えますが、実は help は動詞ではありません。時制を変えると、made は make (s)や will make となりますが、help はそのままです。時間の変化に反応しないので準動詞です。原形不定詞と呼ばれます。使役動詞（させる）と知覚動詞（見る・聞く・感じる）が用いられた時に使います。

> My father won't let me go abroad.
> 　　　　　　　　　（父が私を海外に行かせてくれない）
> I saw him cross the street. 　　（彼が通りを横切るのを見た）

● 使役動詞は3種類あり、押しの強さで区別します。
　make（強制）＞ have（依頼）＞ let（許可）
　知覚動詞は see、hear、feel などがありますが、-ing も使えます。
　　I saw him crossing the street.
　　　　　　　　　（彼が道路を横切っているところを見た）

● 目的語と追加する準動詞が受身の関係の時は、-en になります。
　　I have the work done. 　　（私はその仕事をしてもらった）
　　　　＊ the work（is）done という受身関係です。

274

またこの文は「その仕事をしてしまった」とも解釈できます。そうした意味のまま、done を動詞部分まで引き上げて使っている形が完了形です。

I have done the work.

CD 69

表現力をアップさせよう！

（前置詞が残る不定詞）
- ☐ He had someone to talk to. （彼には話し相手がいた）
- ＊名詞を修飾する時、最後に前置詞が残ることがあります。これは元の形が talk to someone だからです。

● **in order to〜**（〜するために）
- ☐ I went to the mall in order to do my shopping.
（買い物をするためにモールへ行った）

● **only to〜**（ただ〜しただけだった）：結果の不定詞
- ☐ I visited his house, only to find he was gone.
（彼の家を訪れたが、彼はいなくなっていた）

● **get - to〜**（〜してもらう：使役動詞の have に相当）
- ☐ I got him to fix my car. （彼に車を修理してもらった）

（make の受身）
- ☐ He was made to sit there. （彼はそこに座らされた）
- ＊使役動詞 make が受身形になると to〜の形になります。

● **make oneself understood**（話が通じる）
- ☐ I couldn't make myself understood in English.
（英語で話が通じなかった）
- ＊「私が理解される」という受身関係なので -en が続きます。

高校編 7 ― 準動詞アプローチ・発展編 (2)

Take a closer look !
今回の文法は、こうして使う！

● 「その結果については君に知らせるよ。」
　□ I'll let you know about the result.
「君が知ることを許す」と考えて、let you know です。気軽に会話で使えるフレーズです。使役動詞 let を使っているので原形不定詞 know を使います。

● 「私の名前を誰かが呼ぶのを聞いた。」
　□ I heard someone call my name.
hear「聞く」という知覚動詞を使うので原形不定詞になり、call を用います。ただし、目的語を my name にするのであれば、call が受身関係になるので、hear my name called です。

● 「私はたまたま、彼女がその雑誌を買っているのを見た。」
　□ I happened to see her buying that magazine.
「買っている」瞬間を見たという時には、知覚動詞の後で、原形不定詞を使わず -ing（現在分詞）を使います。

● 「私達は毎日、詩を書かされた。」
　□ We were made to write a poem every day.
強制的な「させる」は make そして、「させられる」のであれば be made です。make が受身形ですから、原形不定詞ではなく to 不定詞を使います。

● 「私は明日までにコンピューターを修理してもらう必要がある。」
　□ I need to have my computer fixed by tomorrow.

依頼する時は、使役動詞 have を使います。ここはコンピューターを目的語にしているので、「修理される」という受身関係になり fixed という -en（過去分詞）を使います。

● 「私は座るイスが欲しい。」
　□ I want a chair to sit on.

不定詞は名詞を修飾することができます（形容詞的用法）。しかし、上の例では sit on a chair が元の形なので、最後に on が残ります。

● 「彼はその町を去り、二度と戻ることはなかった。」
　□ He left the town, never to return.

to ～（不定詞）を使って結果を表すことができます。また、「二度とない」という意味で never が用いられます。「結果の不定詞」と呼ばれています。

● 「ブラウン先生は気難しい。」
　□ Mr. Brown is hard to please.

「この問題は解くのが難しい」は、This problem is hard to solve. です。この形で、主語を変え、solve の代わりに please「喜ばす」を使います。直訳は「喜ばすのが難しい」です。

さらに One Point

使役動詞同様、help においても次のように to が省略されがちです。

　He will help (to) prepare the food.
　　　　　　　　　（彼が食べ物の準備を手伝います）

　I helped her (to) carry the bag.
　　　　　　　　　（私は彼女がそのかばんを運ぶのを手伝った）

高校編 7 ─ 準動詞アプローチ・発展編 (2)

文法を使ってみよう!　　　　　　　　　　CD 70

● **CHECK ONE**：下の英文が理解できるか **Check**！

☐1　Do you have anything to write with?

☐2　He bought the used car, though I told him not to.

☐3　If you need any help, please let me know.

☐4　I heard a girl singing a song.

☐5　I will get everything done by tomorrow.

☐6　We opened the box, only to find it was empty.

☐7　We ran so as to catch the first train.

☐8　He kept me waiting for one hour.

☐9　She kept the window closed.

☐10　I had the tooth pulled out yesterday.

(1) 書く紙が欲しければ to write on　(2) to - の動詞部分省略の形
(6) 結果の不定詞　　　　　　　　(7) so as to「～するように」
(8) keep -ing「させ続ける」　　　 (9)(10) 目的語と次の準動詞が受身関係

● **CHECK THREE**：文法ポイントを身につけたか　最終**Check**！

疑問を残さないために再確認

☐1　3つの使役動詞とは？
☐2　使役動詞、知覚動詞が特別扱いされる理由は？
☐3　使役動詞といえども目的語と準動詞が受身関係ならば？
☐4　使役動詞が受身形になった時の注意点は？

● **CHECK TWO**：←下の日本文を英文にできるか **Check**！

☐1　君は何か書くものを持っていますか。

☐2　買わないように言ったのに、彼はその中古車を買った。

☐3　手助けが必要なら、私に教えてください。

☐4　女の子が歌を歌っているのが聞えた。

☐5　明日までに全部してしまいます。

☐6　私達はその箱を開けたが、空だとわかっただけだった。

☐7　始発の列車に間に合うように私達は走った。

☐8　彼は私を1時間待たせ続けた。

☐9　彼女は窓を閉じたままにしていた。

☐10　きのうその歯を抜いてもらった。

高校編 7―準動詞アプローチ・発展編(2)

1　押しの強い順に、make（強制）　have（依頼）　let（許可）。
2　目的語の後に原形不定詞をとる。
3　-en（過去分詞）を用いる。例：I had my bike repaired.
4　原形不定詞が to 不定詞に戻る。例：He was made to come back.

UNIT 56 不定詞(3)・分詞(3)

中学編 32、33、34 を発展させてみよう！

中学：When I was walking down the street, I saw a dog.
　　　　　　　　　　　（道を歩いている時に、犬を見た）
高校：Walking down the street, I saw a dog.
　　　　　　　　　　　（道を歩いていて、犬を見た）

● 準動詞による追加情報を、「コンマ」で置いた形が今回の話題です。

To be frank , he is not a very good player.
　　　　　（率直に言って、彼はあまりよい選手ではない）
Being old, she was not very active.
　　　　　（年をとっていて、彼女はあまり活動的ではなかった）
Seen from here, the town looks very small.
　　　　　（ここから見ると、その町はとても小さく見える）

1番目の不定詞を使った形は、慣用表現が多くあります。そして2番目と3番目（主語と受身の関係）が分詞構文と呼ばれるものです。

● 分詞構文の3つの応用パターンを見ておきましょう。
（否定の時→直前not）Not knowing what to say, she remained quiet.
　　　　　（何と言ってよいかわからず、彼女は静かにしていた）
（過去の内容→完了形）Having met him before, I recognized him at once.
　　　　　（以前会っていたので、すぐに彼だとわかった）
（異なる主語→そのまま残す）
　　　Weather permitting, we will have a game today.
　　　　　（天候が許せば、今日試合を行います）

＊ 主語が異なるものは独立分詞構文と呼ばれています。
● 分詞構文を使うより、あっさり when や because 等を使った方がわかりやすいので、口語では分詞構文はほとんど使われません。

CD 71

表現力をアップさせよう！

（接続詞＋分詞の形）
- While driving through the town, I saw many students.
  （その町を車で通り抜けた時、道沿いに多くの学生を見た）

● **Strange to say**（奇妙なことに）
- Strange to say, she was not angry.
  （奇妙なことに、彼女は怒っていなかった）

● **To tell the truth**（実を言うと）
- To tell the truth, I knew the answer.
  （実を言うと、私はその答えを知っていた）

● **Needless to say**（言うまでもなく）
- Needless to say, I admire his skill.
  （言うまでもなく、彼の技には感服している）

● **To make matters worse**（さらに悪いことに）
- To make matters worse, it began raining.
  （さらに悪いことに、雨が降り始めた）

● **Generally speaking**（一般的に言って）
- Generally speaking, they are shy.
  （一般的に言って、彼らは内気です）

  ＊ 他に Frankly（率直に）　Strictly（厳密に）。

● **All things considered**（全てを考慮するなら）
- All things considered, he wasn't wrong.
  （全てを考慮するなら、彼は間違っていなかった）

Take a closer look !
今回の文法は、こうして使う！

● 「まずはじめに、皆さんにお礼を言いたいと思います。」
　□ To start with, I would like to say thank you to all of you.
話を始める時によく用いられる表現です。to begin with と同じ意味です。また不定詞を用いず、first of all も同じように使えます。

● 「彼女はいわゆる歩く辞書です。」
　□ She is, so to speak, a walking dictionary.
文の途中でよく使われるフレーズです。言わんとする表現の前に置いて使います。同じ意味で、so-called や what is called があります。

● 「ケンはフランス語を話せる、英語は言うまでもない。」
　□ Ken can speak French, not to mention English.
いったん話を終え、その後につけ加える時に使います。to say nothing of などが同じ表現です。文頭に置き「言うまでもなく～」と話を始める needless to say とは区別してください。

● 「後ろから見ると、彼は外国人みたいだ。」
　□ Seen from behind, he looks like a foreigner.
「後ろから見ると」という日本語訳でも、主語 he と see の関係は、「見られる」という受身関係です。よって過去分詞を使って、Seen from behind です。

● 「彼女の妹と比べると、彼女はずいぶんおとなしい。」
　□ Compared with her sister, she is very quiet.
「比べる」と言っても、主語の she は「比べられる」のでやはり過去分詞を使い、Compared with で始めます。

● 「どこに行けばよいかわからず、私はただ彼を待っていた。」
　□ Not knowing where to go, I was just waiting for him.
分詞構文の否定ですが、準動詞共通の方法を用います。つまり準動詞の直前に not をつけ加えるということでした。

● 「トムと言えば、彼は今何をしているのですか。」
　□ Talking of Tom, what's he doing now?
人名や地名がたまたま話題にあがった時に、使うフレーズです。「〜について」という of がついています。他に speaking of もあります。主語との関係を考えない決まり文句です。

● 「一般的に言って、子供達はいつも好奇心を持っている。」
　□ Generally speaking, children are always curious.
Generally (Frankly, Strictly) speaking は、自分の意見を言う前に使う慣用表現です。主語との関係を考えずにそのまま使います。こうした慣用表現を除けば分詞構文は文語のためのものです。

さらに One Point

「分詞構文の作り方」などと言って仰々しく構えると、その内容を必要以上に難しく感じてしまいます。次のように考えるのが自然と思います。追加情報から始めようと思い(基本形で言えば語順が④①②③)、それが動詞なので準動詞にします。そして「未来」「進行」「受身」という基本イメージに従って to〜、-ing、-en が選択されます。これだけで実用上問題はないでしょう。

高校編 7 ― 準動詞アプローチ・発展編 (2)

文法を使ってみよう！　　　　　　　　　　CD 72

● **CHECK ONE**：下の英文が理解できるか **Check**！

☐1　Not feeling well, he went home early.

☐2　Having done all the work, we were able to relax.

☐3　While walking with my wife, I met an old friend of mine.

☐4　To be frank with you, it's not a good idea.

☐5　 She is, so to speak, a young genius.

☐6　To begin with, I would like to introduce myself.

☐7　Speaking of John, where is he now?

☐8　Considering his age, you cannot blame him.

☐9　Judging from your answer, you understand nothing.

☐10　Seen from here, the rock looks like an animal.

(3) 接続詞＋分詞　　　　　　(4) to be frank with you「率直に言って」
(5) so to speak「いわゆる」　(6) to begin with「まず第一に」
(7) talking of も可　　　　　(9) judging from「〜から判断して」

● **CHECK THREE**：文法ポイントを身につけたか　最終**Check**！

疑問を残さないために再確認
☐1　分詞構文とはどんな形か？
☐2　分詞構文を否定にしたい時は？
☐3　Frankly speaking は to〜でも表現できるか？
☐4　慣用表現を除けば、口語で分詞構文が使われない理由は？

● **CHECK TWO**：←下の日本文を英文にできるか **Check**！

☐1　具合がよくなくて、彼は早く家に帰った。

☐2　すべての仕事をしてしまい、私達はくつろぐことができた。

☐3　妻と歩いている時に、古い友人のひとりにあった。

☐4　率直に言って、それはよい考えではない。

☐5　彼女は、いわゆる若き天才です。

☐6　まずはじめに、自己紹介をしたいと思います。

☐7　ジョンと言えば、彼は今どこにいるのですか。

☐8　彼の年齢を考慮すると、君は彼を責められない。

☐9　君の答えから判断して、君は何もわかっていない。

☐10　ここから見ると、その岩は動物のように見える。

高校編 7―準動詞アプローチ・発展編 (2)

1　分詞を伴った語句が、SV の前後に、コンマ(,)と共に追加された形。
2　準動詞なので、ルールどおり直前に not をつける。
3　できる。To be frank (with you).
4　接続詞を使った形 (＋SV) の方が意味が伝わりやすいため。

Part 7 (51)〜(56) SELF-CHECK

- □ (51) 準動詞の3つの用法を言うことができる。
- □ It - of - to となる場合を説明できる。
- □ (52) -en と to〜 / -ing との使い分けができる。
- □ to〜と -ing との使い分けができる。
- □ (53) finish の後はなぜ -ing か説明できる。
- □ avoid の後はなぜ -ing か説明できる。
- □ (54) boring と bored の違いを説明できる。
- □ 「アイスティー」を英語で言える。
- □ (55) 原形不定詞を知っている。
- □ 使役動詞3つの区別をすることができる。
- □ (56) 分詞構文の例文を言える。
- □ 分詞構文で「受身」になった時の形を知っている。

Part 7 では、目的語や追加情報の位置で使う準動詞を学びました。

Part 8 では、接続詞アプローチの発展内容を扱います。
残りはあと4ユニット！

高校編

Part 8

接続詞アプローチ：発展編

UNIT 57 接続詞

中学編 35、36 を発展させてみよう！

> 中学：He will be here tomorrow.
> 　　　　　　　　　　　（彼は明日ここに来るでしょう）
> 高校：If he comes here tomorrow, I'll let you know.
> 　　　　　　　　　（明日彼がここに来たら、君に知らせます）

● 接続詞に関わる文法用語も整理しておきましょう。まず主語・動詞が整ったものを節と言います（これに対して in Japan のような単位は句と呼びます）。接続詞がついた節は追加情報なので従属節、ついていない方を主節と言います。

　　<u>He was sleeping</u>　<u>when I called him,</u>
　　　　主節　　　　　　　従属節

● また追加情報である従属節には、準動詞と同じように、動詞以外の3つの働き（名詞、形容詞、副詞）があります。見分け方としては、「〜こと」と言い切れれば名詞節、「関係詞」を使ったものが形容詞節、そして「それ以外」が副詞節です。

● さて「時、条件の副詞節」と呼ばれるものがあります。これは未来の内容が現在形になるため、注意しなければなりません。
　下の表と例文を見比べてください。

if	もし〜ならば	〜かどうか（ということ）
when	〜の時	いつ〜か　（ということ）
	副詞節（未来→現在形）	名詞節（特別なルールはない）

＜副詞節＞ If（When）Tom calls me tonight, I'll tell him the result.
（トムが今夜電話して来たならば(時に)、その結果を伝えましょう）
＜名詞節＞ I'm not sure if（when）Tom will call me tonight.
（トムが今夜電話してくるかどうか(いつ電話するか)確かではない）

CD 73

表現力をアップさせよう！

● **whether or not**（〜かどうか）
  □ I don't know whether he will leave Japan or not.
  　　　　　　　　（彼が日本を離れるかどうか知らない）
  ＊whether or not SV と言う語順もあります。

● **so that**（〜するように）
  □ Shall I leave the dictionary here so that you can use it?
  　　　　　（君が使えるように、ここに辞書を置いておきましょうか）

● **Every time**（〜するたびに）
  □ Every time he meets me, he asks me about my children.
  　　　　　（彼は私に会うたびに、私の子供のことを尋ねる）

● **In case**（〜の場合、〜に備えて）
  □ Take an umbrella with you in case it rains.
  　　　　　（雨が降るといけないので、傘を持っていきなさい）

● **As far as**（範囲）　**As long as**（条件）（〜する限り）
  □ As far as I know, there is nothing wrong.
  　　　　　（私の知る限りでは、誤ったことは何もない）

● **hardly〜when A**（〜するとすぐに A）
  □ I had hardly left home when it began snowing.
  　　　　　（家を出るとすぐに雪が降り始めた）
  　　　　　＊先に起こっている方を過去完了形にします。

● 同格の **that**（〜という）
  □ I didn't know the fact that many people are against the law.
  （多くの人が、その法律に反対しているという事実を知らなかった）

高校編 8 ─ 接続詞アプローチ・発展編

Take a closer look !
今回の文法は、こうして使う！

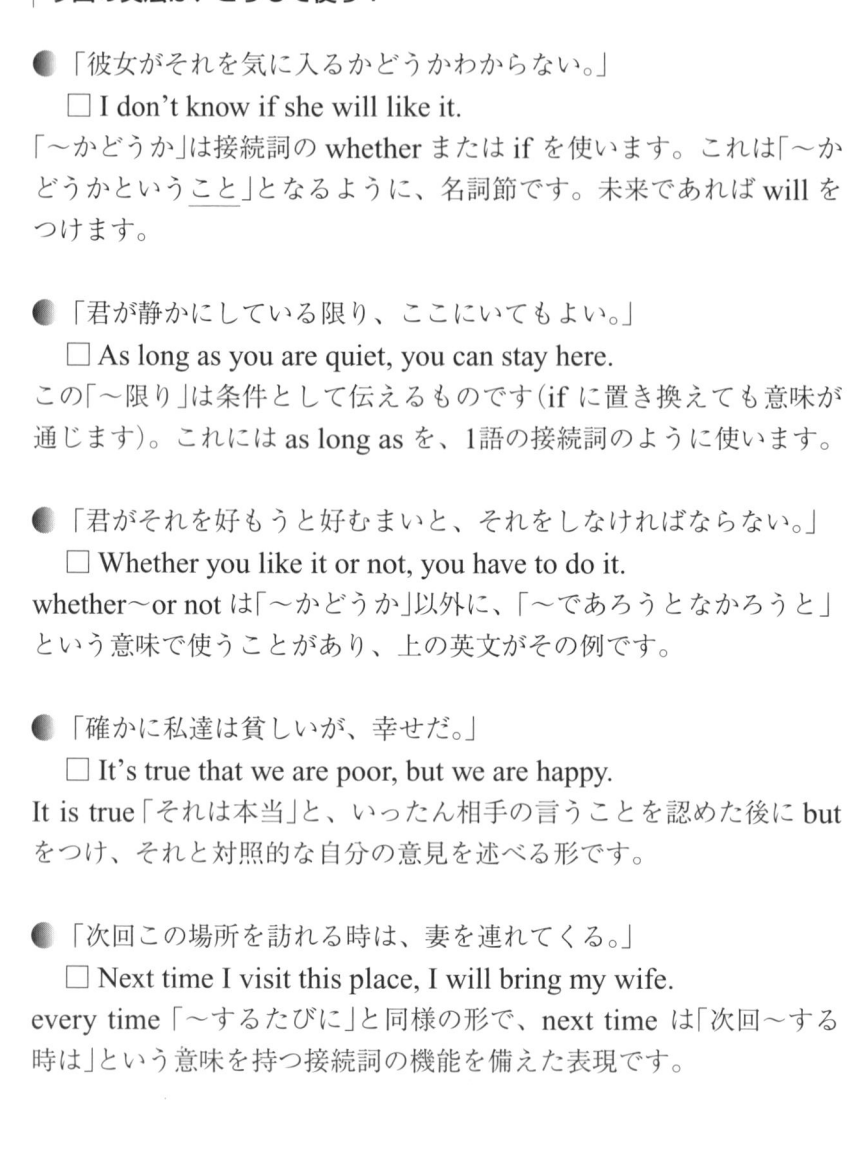

● 「彼女がそれを気に入るかどうかわからない。」
　□ I don't know if she will like it.

「〜かどうか」は接続詞の whether または if を使います。これは「〜かどうかということ」となるように、名詞節です。未来であれば will をつけます。

● 「君が静かにしている限り、ここにいてもよい。」
　□ As long as you are quiet, you can stay here.

この「〜限り」は条件として伝えるものです（if に置き換えても意味が通じます）。これには as long as を、1語の接続詞のように使います。

● 「君がそれを好もうと好むまいと、それをしなければならない。」
　□ Whether you like it or not, you have to do it.

whether〜or not は「〜かどうか」以外に、「〜であろうとなかろうと」という意味で使うことがあり、上の英文がその例です。

● 「確かに私達は貧しいが、幸せだ。」
　□ It's true that we are poor, but we are happy.

It is true「それは本当」と、いったん相手の言うことを認めた後に but をつけ、それと対照的な自分の意見を述べる形です。

● 「次回この場所を訪れる時は、妻を連れてくる。」
　□ Next time I visit this place, I will bring my wife.

every time「〜するたびに」と同様の形で、next time は「次回〜する時は」という意味を持つ接続詞の機能を備えた表現です。

● 「目を閉じるとすぐに、私は寝入った。」
　□ The moment I closed my eyes, I fell asleep.
the moment は「〜するとすぐに」という意味を持つ接続詞的言い回しです。as soon as と同じように使えます。

● 「今や故郷に戻り、本当にくつろげる。」
　□ Now that I'm back in my hometown, I can feel really relaxed.
now that は「今や〜なので」という意味で、ひとつの接続詞として使うことができます。

● 「彼女は私が止めるまで話し続けた。」
　□ She talked and talked until I stopped her.
and を使って、ある動作が延々と続くさまを伝えることができます。「話し続ける」という意味で talk on and on というように、on を繰り返すこともできます。and、or、but は対等な関係を作る特別な接続詞です。

さらに **One Point**

「時、条件の副詞節の時は未来の内容は現在形」という項目は捉えづらいと思います。シンプルな理解は、「もし〜」と言う時は未来形をとらないと考え、「〜する時」などはそれに類するものだと考えます。少し理屈っぽく見てみると、「a= 3の時」（時）、あるいは「a=3 ならば」（条件）と言う時、a=3について可能性の話題（つまり助動詞の出番）はない、と考えることができます。

文法を使ってみよう！　　　　　　　　　　CD 74

● **CHECK ONE**：下の英文が理解できるか **Check**！

☐1　If it rains tomorrow, I will stay home.

☐2　I wonder if he'll quit his job.

☐3　The point is whether our boss will like this proposal or not.

☐4　He is such a nice man that he is liked by everyone.

☐5　As far as I can see, there is nothing but sand.

☐6　In case he is late, we'll have to leave without him.

☐7　Once you start doing something, you should keep doing it.

☐8　Supposing she is absent, what will you do?

☐9　He will be in trouble unless you help him.

☐10　Come and see me some day.

(2) wonder「疑問に思う」　　(4) such 名詞 that「とても～なので」
(5) but「以外」　　　　　　　(8) supposing「～ならば」
(9) unless「～しない限り」　　(10) come and see「会いに来る」

● **CHECK THREE**：文法ポイントを身につけたか　最終**Check**！

疑問を残さないために再確認
☐1　節と句はどこが違うのか？
☐2　主節と従属節はどう見分ければよいのか？
☐3　「時、条件の副詞節」が特別扱いされている理由は？
☐4　「～する限り」を意味する as far as と as long as の違いは？

● **CHECK TWO**：←下の日本文を英文にできるか **Check**！

☐1　明日雨なら、家にいます。

☐2　彼は仕事をやめるのだろうか。

☐3　問題は私達の上司がこの提案を気に入るかどうかだ。

☐4　彼は本当によい人なので、みんなに好かれている。

☐5　目の届く限り、砂以外何もない。

☐6　彼が遅れた場合、私達は彼なしで出発しなければならない。

☐7　いったん何かをし始めたら、それをし続けるべきだ。

☐8　もし彼女が欠席したら、君はどうするつもりですか。

☐9　君が彼を手伝わない限り、彼は困ったことになる。

☐10　いつか会いに来てください。

高校編 8 ― 接続詞アプローチ・発展編

---

1 SVが揃っているものが節。そうでないものが句。
2 接続詞がついている方が追加された節、つまり従属節。
3 未来の内容を現在形で表すから。現在、過去はそのままの形。
4 前者は範囲、後者は条件を表し、後者はifに置き換えても文が成立。

UNIT 58 仮定法

中学編 35 を発展させてみよう！

中学：If you are busy, I can help you.
　　　　　　　　　　　　（忙しいのなら、手伝えるよ）
高校：If I were you, I wouldn't do it.
　　　　　　　　　　　　（私が君だったら、それはしないだろう）

● 時には、現実を否定したい気持ちになることがあるかもしれません。それを表現してくれるのが、仮定法です。
「事実と異なる」話だということを相手に伝えるために、時制をひとつ前にずらして話します。

（過去完了）-------- 過去 -------- 現在 ---------- 未来 ---------
　　　　　　　← 　B 　 ← 　A 　　　　　　　C

● A：現在の事実の逆：「仮定法過去」（矢印の先で名前をつけています）
　　If I knew him, I could talk to him.
　　　　　　　　（彼を知っていれば、話しかけられるのだが）
後半（主節）は可能性の表現なので助動詞を使いますが、やはりここも過去形です。他に、would（だろう） might（かもしれない）なども使います。

● B：過去の事実の逆：「仮定法過去完了」
　　If I had known him, I could have talked to him.
　　　　　　　　（彼を知っていたら、話しかけられたのだが）
過去の前の過去完了と、過去を振り返る時の助動詞＋完了形を組み合わせて作ります。

294

● C：未来は事実がないので、上のような仕組みも文法用語もありません。「万一」と言う時は、If - should あるいは were to（be to の変形）にします。

If he should come to know it, he will (would) be shocked.
（万一彼がそれを知ることになったら、ショックを受けるだろう）

表現力をアップさせよう！

● **wish（願う）**
□ I wish Andy was here now.
　　　　　　　　　　　（今アンディがここにいればよいのだが）
□ I wish I had been more careful then.
　　　　　　　　　（その時、もっと注意深くしていればよかったのだが）

● **as if / as though（まるで）**
□ I feel as if I was in that country.
　　　　　　　　　　　（まるでその国にいるような気がする）
　　　　　　　＊仮定法では、was の代わりに were も使えます。

● **It is time（〜すべき時）**
□ It's time you went to bed.　　　　（もう寝る時間ですよ）

● **If only（〜でありさえすれば）**
□ If only we had enough time now!
　　　　　　　　　（今私達に十分な時間がありさえすれば）

● **If it were not for / If it had not been for**
　　　　　　　　　　　　　（もし〜がなければ / なかったら）
□ If it were not for water, nothing could live.
　　　　　　　　（もし水がなかったら、何も生きられない）
　　　　　　＊簡単に Without water と言うこともできます。

● **If 省略（倒置にする）**
□ Had I come home earlier, I could have seen the program.
　　　　　（もっと早く帰っていれば、その番組が見られたのだが）
　　　　　　　　＊Were や Should の文でも行えます。

高校編 8 — 接続詞アプローチ・発展編

Take a closer look !
今回の文法は、こうして使う！

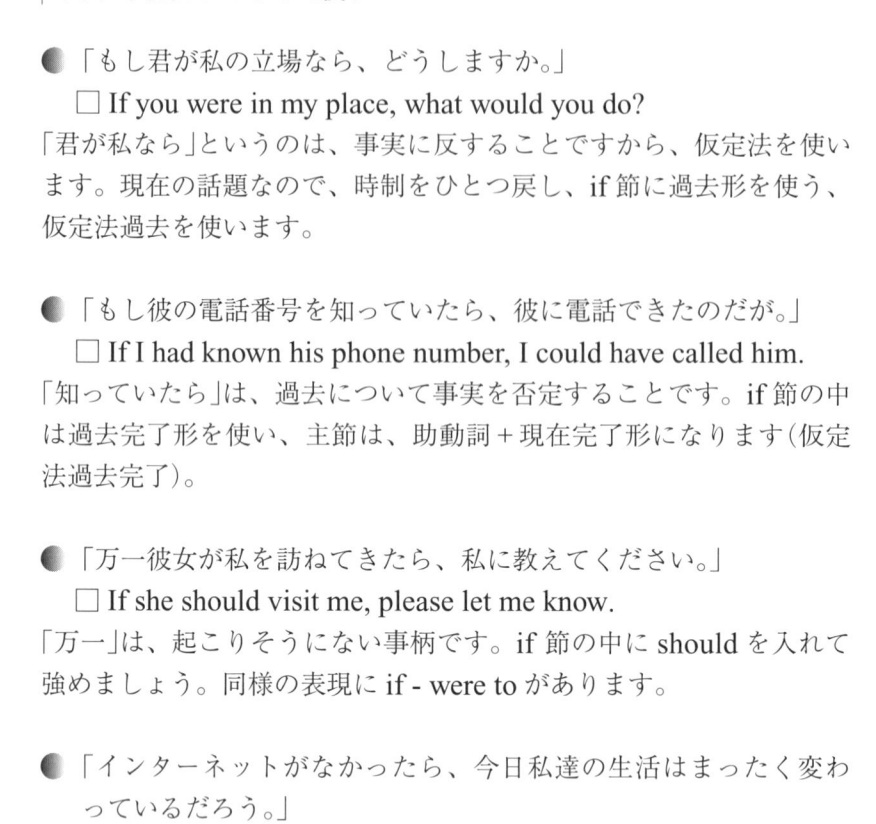

● 「もし君が私の立場なら、どうしますか。」
　☐ If you were in my place, what would you do?
「君が私なら」というのは、事実に反することですから、仮定法を使います。現在の話題なので、時制をひとつ戻し、if 節に過去形を使う、仮定法過去を使います。

● 「もし彼の電話番号を知っていたら、彼に電話できたのだが。」
　☐ If I had known his phone number, I could have called him.
「知っていたら」は、過去について事実を否定することです。if 節の中は過去完了形を使い、主節は、助動詞＋現在完了形になります（仮定法過去完了）。

● 「万一彼女が私を訪ねてきたら、私に教えてください。」
　☐ If she should visit me, please let me know.
「万一」は、起こりそうにない事柄です。if 節の中に should を入れて強めましょう。同様の表現に if - were to があります。

● 「インターネットがなかったら、今日私達の生活はまったく変わっているだろう。」
　☐ Without the Internet, our life would be quite different today.
「〜がなければ」を一番簡単に言うのは without です。現在の事柄について述べるので仮定法過去になり、「だろう」であれば would。

● 「彼の助言に従っていたら、金を無駄にしなかっただろう。」
　☐ Had I followed his advice, I wouldn't have wasted money.
「従っていたら」ですから、過去の話題。よって仮定法過去完了を使いますが、上は、if 省略の文です。If の位置まで had を移します。

● 「彼はまるで自分が天才であるかのように話す。」
　□ He talks as if he were a genius.
「天才のように」は事実と異なる内容の話なので、仮定法過去を使います。仮定法のbe動詞は、主語にかかわらずwereが使えます。as thoughも同義です。

● 「ピアノが弾けたらなあ。」
　□ I wish I could play the piano.
「実現不可能」と感じる願望についてはwishを使い、今を話題するのであれば、その後を仮定法過去、つまり過去形にします。過去を振りかえった時は、仮定法過去完了にします。

● 「我々が新しい事業を始める、まさにその時期だ。」
　□ It is high time we started a new business.
「～すべき時」はIt is timeに、実現していないことを伝える仮定法を続けますが、「まさに」という時はhighを追加してIt is high timeとします。

高校編 8 ― 接続詞アプローチ・発展編

さらに One Point

「現在の事実の逆を述べるためには、if節に過去形にした仮定法過去を使う」と言われてもイメージは浮かびにくいと思います。大切なことは時制を「ずらす」という感覚です。「仮定法はずらすこと」と考えるだけで、仮定法の基本は理解できたことになります。

文法を使ってみよう！　　　　　　　　　　CD 76

● **CHECK ONE**：下の英文が理解できるか **Check**！

☐1　If I were you, I would call her.

☐2　If you had gone there, you could have seen him.

☐3　If anyone should call me, please ask for the name.

☐4　I wish I knew his phone number.

☐5　I wish you had asked me.

☐6　It's time you left home.

☐7　She behaves as if she were a movie star.

☐8　Without your help, I couldn't have come here.

☐9　If only he was here now!

☐10　If he hadn't saved me then, I would be dead now.

(9) if only「～でありさえすれば」
(10) If 節：仮定法過去完了、主節：仮定法過去

● **CHECK THREE**：文法ポイントを身につけたか　最終**Check**！

疑問を残さないために再確認
☐1　仮定法は何のためにあるのか？
☐2　仮定法の基本的なルールは？
☐3　起こりそうにない未来については、どう表現するか？
☐4　If I had known her　を別の形で言うと？

● CHECK TWO：←下の日本文を英文にできるか Check！

☐1　私が君なら、彼女に電話するだろう。
☐2　君はそこに行っていたら、彼に会うことができたのに。
☐3　万一誰かが私に電話してきたら、名前を尋ねてください。
☐4　彼の電話番号がわかればよいのだが。
☐5　君が私に尋ねてくれればよかったのだが。
☐6　君はもう家を出る時間です。
☐7　彼女はまるで映画スターのように振る舞う。
☐8　君の手助けがなかったら、ここに来られなかっただろう。
☐9　今、彼がここにいさえすればよいのに。
☐10　あの時彼が救ってくれなかったら、今頃私は死んでいる。

高校編 8―接続詞アプローチ・発展編

1「自分が～だったら」というように、事実と異なることを語るため。
2　現在→過去、過去→過去完了というように時制をずらす。
3　if 節の中で should（または were to）を使う。
4　if を省略して、Had I known her とする。

UNIT 59 関係詞

中学編 38、39 を発展させてみよう！

中学：This is the village which I love.
　　　　　　　　　　（これは私が大好きな村です）
高校：This is the village where I live.
　　　　　　　　　　（これは私が住んでいる村です）

● 上の例文でもわかるように関係詞の前の単語（先行詞：the village）によって、関係詞は決まりません。the village に SV で説明を加えたいとき、何という英単語から始めたいかということで決まります。そしてその単語を疑問詞変換すれば関係詞ができます。
上の例文ではそれぞれ

　　　　　it I love なので　　which　I　love　(it → which)
　　　　　there I live なので　where　I　live　(there → where)
　　　　　　　　　　　　　　　　＋　　　S　V

● 「関係」とは、「＋」の機能を持つことです。そしてその後に元の品詞名 (it は代名詞、there は副詞) をつければ、それぞれ関係代名詞、関係副詞といった文法用語が生まれます。関係副詞は他に「その時」→ when「その理由で」→ why「その方法で」→ how があります。

That was the day when my son was born.
　　　　　　　　　（それは私の息子が生まれた日だった）
I don't know the reason why they failed.
　　　　　　　　　（彼らが失敗した理由がわからない）
I like the way (how) she talks.　　（彼女の話し方が好きだ）
　　　　　＊the way と how はどちらか一方が省略されます。

● 代表的疑問詞 what も関係代名詞として機能できます。意味は「もの・こと」。What = the thing which とすると考えやすいでしょう。
　　What he said is true.　　　　　　（彼が言ったことは本当だ）

🅒 CD 77

表現力をアップさせよう！

● 前置詞＋関係代名詞（**with him → with whom**）
　□ He is the boy who（m）I always study with.
　□ He is the boy with whom I always study.（形式的表現）
　　　　　　　　　（彼は私がいつも一緒に勉強する少年です）

● , 関係詞（非制限用法）
　□ I have a daughter, who lives in America.
　　　　　　　　　　　　（娘がいて、アメリカに住んでいる）
　＊「,」のつかないものは「制限用法」と言います。

● 文全体が先行詞（ **it →which**）
　□ She said that she was sick, which was a lie.
　　　　　　　　　（彼女は病気と言ったが、それはウソだった）

● －**ever**（複合関係詞：無制限の意味が加わる）
　□ Whatever happens, I will protect you.
　　　　　　　　　　　　　　（何が起こっても、君を守る）
　＊No matter what も同義。whenever、wherever、whoever、however などもあります。

● 関係詞直後の挿入（**I thought** など）
　□ I did what I thought was best.
　　　　　　　（私は、自分が一番よいと思ったことをやった）

Take a closer look !
今回の文法は、こうして使う！

● 「これは私の息子が生まれた病院です。」
　□ This is the hospital where my son was born.
the hospital の後に it を続けたい時は which、there の時は where です。ここは「そこで(there)生まれた」と続けたいので関係副詞where です。

● 「私達がとても貧しかった時期があった。」
　□ There was a time when we were very poor.
a time（時代）の後に「その時～」then と続ける場合、その then を when に変換させます。then という副詞から生まれた関係副詞when です。

● 「彼女が、確か1位になったその少女です。」
　□ She is the girl who I believe won the first prize.
関係詞who直後の I believe 「確か～と思う」の挿入です。I think や I suppose「思う」なども、この形で使えます。

● 「私が見たものはサルだった。」
　□ What I saw was a monkey.
「こと」や「もの」の意味を表す関係代名詞what です。what「何」という疑問詞と紛らわしい場合もありますが、上の例は「何」という解釈はできません。こうした文頭の what はよく用いられます。

● 「私はかつての私ではない。」
　□ I'm not what I used to be.
関係代名詞what を使った慣用表現として what I am 「今の私」という表現があります。これに used to 「かつて」を加えると、what I used to be 「かつての私」です。

● 「彼はまたウソをつき、そのことは彼女をとても怒らせた。」
　□ He told a lie again, which made her very angry.

文全体の内容は it「それ」で表すことができます。そこで文全体を先行詞とした場合も、コンマを置き、it →which という変換で対処できます。

● 「だから彼と話すのは嫌なんだ。」
　□ That's why I hate to talk to him.

That is the reason「それが理由だ」と最初に言って、その後に本来「なぜ」を表す疑問詞 why を関係副詞として使う形です。この形の時の the reason は通常省略されます。

● 「何人か少年を見かけたが、そのうちの一人は君の弟だった。」
　□ I saw some boys, one of whom was your brother.

この英文は一見複雑ですが、疑問詞変換の発想があれば大丈夫です。まず「数人の少年がそこにいた」と言い、その後で one of them と続けますが、そのままでは動詞を追加できないので、them → whom の疑問詞変換をします。

さらに One Point

関係詞は「疑問詞変換で SV の追加」が基本です。これとは別系統で使われているのが「これがあればとりあえず SV を追加できる」という that です。that を使えば安心という気もしますが、次の3つの形では that を関係詞として使うことはできません。

　(1)所有格(〜の)のとき　(2)コンマ(,)の後　(3)前置詞を伴う場合。
また先行詞に only や最上級が用いられる場合は that が好まれます。

高校編 8 ― 接続詞アプローチ・発展編

文法を使ってみよう！　　　　　　　　　　　CD 78

● **CHECK ONE**：下の英文が理解できるか **Check**！

☐1　This is the office where I'm working.

☐2　I was surprised by what he said.

☐3　Do you remember the day when he visited us?

☐4　This is how he solved the problem.

☐5　Do you know the reason why he looks so happy?

☐6　He is the guitarist who I think is the best in this city.

☐7　This is what is called a miracle.

☐8　My parents made me what I am today.

☐9　However hard it is, I'll do my best.

☐10　Whenever I meet him, he is smiling.

（1）関係副詞の where（ in which も可）
（7）what is called「いわゆる」　what we call も同義
（8）what I am「現在の私」　what I used to be「かつての私」

● **CHECK THREE**：文法ポイントを身につけたか　最終**Check**！

疑問を残さないために再確認
☐1　関係代名詞と関係副詞の違いは？
☐2　4つの関係副詞とは？
☐3　関係代名詞what はどう訳すか？
☐4　関係代名詞which と what の一番の違いは？

● **CHECK TWO**：←下の日本文を英文にできるか **Check**！

☐1　これが私が働いている事務所です。

☐2　私は彼の言ったことに驚かされた。

☐3　彼が私達を訪ねてきた日のことを覚えていますか。

☐4　これが彼がその問題を解いた方法です。

☐5　彼があんなにうれしそうにしている理由を知ってますか。

☐6　彼はこの町で一番と私が思うギタリストです。

☐7　これはいわゆる奇跡だ。

☐8　今日の私があるのは両親のおかげである。

☐9　それがどんなに厳しくても、私は全力をつくす。

☐10　彼はいつ会っても、微笑んでいる。

1　元の単語が代名詞（it、he など）か副詞（there、then など）かの違い。
2　where、when、why、how。
3　「こと」「もの」。
4　which は先行詞（直前にある名詞）があるが、what にはない。

UNIT 60 特殊な形

文の一部を目立たせてみよう！

中学：Bob made this desk.　　　　　（ボブがこの机を作った）
高校：It is Bob that made this desk.
　　　　　　　　　　　　　　　　　（この机を作ったのはボブだ）

● 特殊な形の代表は、やはり倒置文です。まず強調部分を先頭に持ってきます。そしてその後を疑問文語順にするのが基本です。否定語や only のフレーズがよく先頭に出されます。

Never in my life have I seen such a thing.
　強調部分　　　　疑問文語順
　　　　　（生まれてから、そんなものを見たことは一度もない）
Only with Jane did Mary feel relaxed.
　強調部分　　　疑問文語順
　　　　　（ジェインと一緒の時だけ、メアリーはくつろいでいた）

● 次は、It is で強調したい部分を引っ張り出す方法です（強調構文と呼ばれます）。Tom lives in that house. を元にして考えます。

Tom の強調：　　　　It is Tom that lives in that house.
　　　　　　　　　　　　　　　（その家に住んでいるのはトムだ）
in that house の強調：　It is in that house that Tom lives.
　　　　　　　　　　　　　　　（トムが住んでいるのは、その家だ）

＊that は下線部に対応する関係詞として機能しています。人の場合は who も使えます。また強調するものは名詞でも前置詞句でも構いません。

● 最後に動詞を強調します。動詞の前に助動詞の do（does / did）を置きます。

　　Tom does live in that house.

　　　　　　　　　　　　　　（トムはその家に本当に住んでいる）

CD 79

表現力をアップさせよう！

● **So（肯定）/ Neither（否定）＋疑問文語順（～もそうだ）**
　□ Susan is from New Zealand.
　　　　　　　　　　　　　（スーザンはニュージーランド出身だ）
　□ So is Mike.　　　　　　　　　　　　　　　（マイクもそうだ）
　□ John hasn't come here yet.　（ジョンはまだここに来ていない）
　□ Neither has Ken.　　　　　　　　　　　　　（ケンもそうだ）

● **on earth / in the world（いったい）: 疑問詞の強調**
　□ What on earth are you talking about?
　　　　　　　　　　　　　　　　　（いったい何を言ってるんだ）

(If を用いた慣用表現（挿入 / 省略）
● **if ever**（seldom などの強調：仮にあったとしても）
　□ Kate seldom, if ever, talks with us.
　　　　　　　（ケイトは、本当にめったに私達と話すことはない）
● **if any（もしあれば）**
　□ Please correct mistakes, if any.
　　　　　　　　　（もし間違いがあれば、正しくしてください）
● **if anything（どちらかと言うと）**
　□ If anything, she is not well.
　　　　　　　　　（どちらかと言うと、彼女の具合はよくない）
● **if not（～でないにせよ）**
　□ It was well done, if not perfect.
　　　　　　　　　（それは完璧でないにせよ、うまくなされた）

高校編 8 ― 接続詞アプローチ・発展編

Take a closer look！
今回の文法は、こうして使う！

● 「いったいなぜ、そんな古い車を買ったんだ。」
　□ Why in the world did you buy such an old car?
疑問詞を最初に使った後で、強調するために on earth や in the world を入れます。挿入されたものは形に影響を及ぼさないので、その後は普通の疑問文語順になります。

● 「昨日は欠席しました。私もです。」
　□ I was absent yesterday. So was I.
同じ内容を省略して話すために、肯定文の時は So、否定文の時は Neither を先頭に置いた倒置文を使います。つまり、それらの単語の後は疑問文語順です。

● 「その先生は、仮に全員でないにせよ、ほとんどの学生に愛されている。」
　□ The teacher is loved by most, if not all, of her students.
ある表現の後に、その程度を強めるために、「仮に～でないにせよ」と言うことがあります。「仮に」は if で、そしてその後に not をつけた表現です。

● 「彼らはそのトーナメントで本当に優勝した。」
　□ They did win the tournament.
一般に do を助動詞として使うことは、否定文や疑問文を作るためですが、このように動詞を強調するのに用いることもあります。現在の時は、do や does になります。

● 「その絵を描いたのはルーシーです。」
　□ It is Lucy that painted the picture.
「ルーシーが描いた」ではなく、「描いたのはルーシー」とルーシーを強調するためには、強調構文が使われます。まず、It is で始めて後半は that でつなぎます。

● 「雨はすぐ上がると思いますか。」
　□ Do you think the rain will let up soon?
上の形は中学編から出ていますが、実は接続詞 that が省略された「特殊な形」です。

● 「彼女が私を訪れるとは、想像もしていなかった。」
　□ Little did I imagine that she would visit me.
Little「ほとんどない」という否定表現を強調のために先頭に置く倒置文で、その後は疑問文語順になります。

● 「私達に加わりませんか。」
　□ Why not join us?
Thank you も I という主語が省略されているように、会話はまさに省略の世界です。上の例も、相手に何かを促す文ですが、do you が省略されています。

高校編 8 ― 接続詞アプローチ・発展編

さらに **One Point**

特殊な形は大きく分けると3種類です。通常の形を AB と置くと、特殊な形は次のようになります。(1)追加情報を挟み込む (挿入：ACB)　(2)直前と同じ形なので反復をさける(省略：A –)　(3)文の途中にあるべき単語を先頭に持ち出して目立たせる(倒置: BA)。

文法を使ってみよう！　　　　　　　　　　　CD 80

● CHECK ONE：下の英文が理解できるか Check！

- □1　Never did I dream of marrying her.
- □2　Only in this theater can we see the play.
- □3　It was not until this morning that I heard from him.
- □4　He does want to be a musician.
- □5　This is the very book I've wanted to get.
- □6　Joe can speak Spanish. - So can Julia.
- □7　Do you think it'll be fine tomorrow? ─ I hope so.
- □8　Can you come with us? ─ I'm afraid not.
- □9　She seldom, if ever, smiles at me.
- □10　Who do you think she is?

(3) it was not until -「～で初めて」　(5) very「まさに」名詞の強調
(7) (8) hope や be afraid は so「肯定」、not「否定」で内容を伝える
(10) do you think の挿入

● CHECK THREE：文法ポイントを身につけたか　最終Check！

疑問を残さないために再確認

- □1　倒置文はどのように作るか。
- □2　強調構文とはどのような形か？
- □3　So do I と Neither do I の使い分けは？
- □4　動詞を強調するにはどうするか？

● CHECK TWO：←下の日本文を英文にできるか Check！

☐1　彼女と結婚するなんて、夢にも思わなかった。
☐2　この劇場だけで、その演劇を見ることができる。
☐3　今朝になって初めて彼から連絡をもらった。
☐4　彼は、本当にミュージシャンになりたいと思っている。
☐5　これは手に入れたいとずっと思っていた、まさにその本だ。
☐6　ジョーはスペイン語が話せる。ジュリアだってそうだ。
☐7　明日晴れると思いますか。そう願います。
☐8　私達と一緒に来られますか。残念だけど無理だと思います。
☐9　彼女が私に微笑むことは、あったとしてもめったにない。
☐10　君は彼女を誰だと思っているのか。

高校編 8―接続詞アプローチ・発展編

1　強調語(句)を先頭に置き、その後を疑問文語順にする。
2　It is で強調する語(句)を紹介し、その後に that 節をつなげる。
3　前者は肯定文の後、後者は否定文の後に使う。
4　動詞の前に do をつける。例：I do know her.

Part 7 (57)〜(60) SELF-CHECK

- □(57) Ifを使った名詞節と副詞節の違いを知っている。
- □ 「時・条件の副詞節」を説明できる。
- □(58) 仮定法過去の例文を言える。
- □ 仮定法過去と仮定法過去完了を区別できる。
- □(59) 4つの関係副詞を知っている。
- □ 関係代名詞Whatの例文を言える。
- □(60) 倒置文の語順を言える。
- □ 強調構文の例文を言える。

これですべてのユニットが終了しました。Congratulations!

前置詞の基本イメージ

about the problem	その問題について	(周)
above the sea level	海抜	(上)
after dinner	夕食後に	(後)
against my will	私の意に反して	(反)
among the students	その学生たちの間で	(間)
as a student	学生として	(同)
at seven	7時に	(点)
before noon	正午前に	(前)
behind the tree	その木の後ろ	(後)
below average	平均以下	(下)
beyond our reach	私達の手の届かないところに	(越)
by the window	その窓のそばで	(近)
during the vacation	その休暇中	(期)
for Mary	メアリーのための	(向)
from Tom	トムから	(離)
in the glass	そのコップの中の	(中)
of the team	そのチームの	(源)
off the coast	海岸沖	(離)
on the desk	その机の上の	(接)
over the fence	塀を越えて	(越)
since last year	昨年以来	(発)
through the park	公園を通って	(通)
till five	5時まで	(終)

to the station	その駅へ	（達）
under the table	そのテーブルの下に	（下）
with Bob	ボブと	（共）
within 10 days	10日以内に	（内）
without our permission	我々の許可もなく	（無）

```
＊対照的な関係
above — below        before — after
beyond — within      from — to
on — off             over — under
with — without       within — beyond
```

中学編 ｜ 付　録

● BASIC VOCABULARY ……………………………………… 181
　□基数
　□序数(〜番目)
　□曜日
　□月
　□動詞の不規則変化表
● 動詞の不規則変化表 ……………………………………… 182

高校編 ｜ 付　録

● 前置詞の基本イメージ ……………………………………… 313
　□対照的な関係

著者略歴

平山　篤
ひらやま　あつし

1955年生まれ。山口県出身。山口大学経済学部卒業後、日産自動車入社。東京本社で海外関連業務に携わる。その後、ローレル奨学生としてカリフォルニア州立大学留学、政治学を専攻。現在、予備校などで英語指導。著書「中学・高校6年分の英単語を総復習する」「問題を解いて中学・高校6年分の英文法を総復習する」(ベレ出版)「英単語コネクション」「片手で覚えられる英熟語帖」(共に学陽書房)。下関市在住。

英文校閲
James Humphreys
Sandy Stockton

CDの内容
- 時間…67分08秒
- ナレーション…Carolyn Miller
- 収録内容：全てのユニットのCHECK ONEの例文とキーフレーズ

CD BOOK 中学・高校6年分の英語を総復習する
ちゅうがく　こうこう　ねんぶん　えいご　そうふくしゅう

2007年 9月25日	初版発行
2021年 2月28日	第24刷発行
著者	平山　篤
カバーデザイン	OAK
イラスト	武曽　貴子

©Atsushi Hirayama 2007. Printed in Japan

発行者	内田　眞吾
発行・発売	ベレ出版
	〒162-0832　東京都新宿区岩戸町12　レベッカビル
	TEL (03) 5225-4790
	FAX (03) 5225-4795
	ホームページ http://www.beret.co.jp/
	振替 00180-7-104058
印刷	株式会社　文昇堂
製本	根本製本株式会社

落丁本・乱丁本は小社編集部あてにお送りください。送料小社負担にてお取り替えします。

ISBN 978-4-86064-166-5 C2082　　　編集担当　脇山和美

アメリカの中学教科書で英語を学ぶ

林功 著

A5 並製／定価 2310 円（5% 税込） 本体 2200 円
ISBN978-4-86064-042-2 C2082　■ 344 頁

本書は歴史・数学・英語（Writing）・科学・課外授業の 5 つの Chapter に分かれています。少しアカデミックで身近なものを扱うジュニア・ハイの英語は日本人の学習者にも最適。各科目の学習事項を英語を使って考える、内容を確認しながら聞き、イディオムや語彙などの知識も同時に覚える構成。中学で学ぶ知識を英語で読み直す大人の復習帳。

続・アメリカの中学教科書で英語を学ぶ

林功 著

A5 並製／定価 2415 円（5% 税込） 本体 2300 円
ISBN978-4-86064-074-3 C2082　■ 384 頁

アメリカの中学教科書第 2 弾。今回はアメリカの中学で習う、政治、経済、歴史の授業を充実させた内容。第 1 弾のサイエンス中心の知識とは違うおもしろさがあります。連邦議会のしくみ、権限、組織、実践的な経済のしくみの解説など興味深く読める内容が盛りだくさん。本物の英語に触れながら英語の力をつける理想の英語教科書。

アメリカの小学校教科書で英語を学ぶ

小坂貴志／小坂洋子 著

A5 並製／定価 1890 円（5% 税込） 本体 1800 円
ISBN978-4-86064-095-8 C2082　■ 296 頁

アメリカの小学生がどのようなテキストを使ってどんな授業を受けているのか…を知ると同時に、教科書の興味深い文章を使って英語力アップを図ります。小学校のテキストとはいえ読み応え十分！ 各科目の学習事項を英語を使って考えたり、内容を確認しながら聞くことで、語彙などの知識も同時に身につきます。初・中級学習者に最適の、愉しく学べる学習書。

英語感覚が理屈でわかる英文法

久保聖一 著

四六並製／本体価格 1400 円（税別） ■ 288 頁
ISBN978-4-86064-479-6 C2082

ネイティブの感覚や意識に焦点をあてて、徹底的にわかりやすく解説した英文法の入門書です。私たち日本人にとってつかみにくい動詞の時制・助動詞・前置詞・冠詞などについて、なぜそうなるのかについてきちんと答えた本。ネイティブはどのような感覚でその英文の形を使っているのかがわかれば英語の世界をより自分のものにすることができます。英語の感覚がわかれば英文の微妙なニュアンスや伝えたいことが深く理解できます。

英語感覚が理屈でわかる読むための英文法

久保聖一 著

四六並製／本体価格 1500 円（税別） ■ 272 頁
ISBN978-4-86064-536-6 C2082

英文を読むときに、単語の意味はわかるのに文の意味がつかめないという人におすすめの文法書。ネイティブスピーカーの持っている英語感覚に焦点を当てながら、英文を読むための英文法を解説。サクサク読むためには「かたまり感覚」と「流れ感覚」を身につけ、左から右へとストレートに読んでいく必要があります。ネイティブの感覚、意識、文法知識をなぜそうなるのかがきちんとわかるように解説していきます。その感覚を自分のものにできれば長い英文もサクサク読めるようになります。

スーパーレベルパーフェクト英文法

植田一三 著

A5 並製／本体価格 1900 円（税別） ■ 368 頁
ISBN978-4-86064-290-7 C2082

英語を正しく発信するには、その理屈、ニュアンスの違いを知ったうえで使い分けられることが重要です。英検準 1 級、1 級レベル、TOEIC900 以上を狙う学習者に最適な文法書。英文法の知識を徹底的に身につけることで、リーディング力、リスニング力などの「受信力」だけでなく、ライティング力、スピーキング力などの「発信力」をアップさせることを目指した本。

ハイレベル実戦英文法

猿谷宣弘 著

A5 並製／本体価格 1800 円（税別）　■ 292 頁
ISBN978-4-86064-519-9 C2082

英語力を上げるうえでもっとも重要な文法項目にしぼり、系統的にまとめた一冊。文法項目、構文、文型ごとの例文に解説をつけ、確認問題で理解できていないところ、あやふやだった知識をしっかり整理していきます。高校の英語教師を勤め上げたあと、大手予備校講師を経験した著者が、基礎的文法事項を終えてさらに上を目指したいという学習者に、何が必要なのかを考えまとめた本です。努力を無駄にさせない、効率よく学習することを目指した新しい文法書。

一生モノの英文法 COMPLETE

澤井康佑 著

A5 並製／本体価格 2200 円（税別）　■ 408 頁
ISBN978-4-86064-439-0 C2082

講談社現代新書刊の『一生モノの英文法』の内容に大幅な加筆修正を施し、基本的な文法項目をすべて網羅したのが本書。さらに、学習者が最後まで通読できるよう、ナビゲーションCD（先生が学習に伴走してくれているような講義形式の音声）が付いています。どんな英文に遭遇しても、文構造を即座に的確に見抜ける英文法の基礎力を身につけることができる正攻法の文法書。英作文や英文読解をする上で「理論の不足」を感じている学習者のための＜究極の入門書＞です。

基礎がため 一生モノの英文法 BASIC

澤井康佑 著

A5 並製／本体価格 1800 円（税別）　■ 248 頁
ISBN978-4-86064-464-2 C2082

数多ある初級文法書ですが、説明が少なすぎるとわかったようでわからない…、説明が多くなると頭がこんがらかって途中で挫折してしまう…というような経験をもつ初級英語学習者に、今度こそ最適な文法書。アルファベットからスタートして、文法の初歩の部分を丁寧にわかりやすく、でも文構造の理解からは逃げずにきちんと説明していきますから、読み進めるうちに文法力の土台を着実に築くことができます。今回も学習を徹底的にサポート・伴走してくれるナビ音声付き。